开启灵动生活

生活服务企业即时零售运营决策探析

万琴 著

四川大学出版社

图书在版编目（CIP）数据

开启灵动生活：生活服务企业即时零售运营决策探析 / 万琴著. — 成都：四川大学出版社，2023.9
ISBN 978-7-5690-6321-9

Ⅰ.①开… Ⅱ.①万… Ⅲ.①服务业—零售商店—运营管理 Ⅳ.①F719

中国国家版本馆 CIP 数据核字（2023）第 152279 号

书　　名：	开启灵动生活——生活服务企业即时零售运营决策探析
	Kaiqi Lingdong Shenghuo——Shenghuo Fuwu Qiye Jishi Lingshou Yunying Juece Tanxi
著　　者：	万　琴
选题策划：	张宇琛
责任编辑：	张宇琛
责任校对：	周维彬
装帧设计：	叶　茂
责任印制：	王　炜
出版发行：	四川大学出版社有限责任公司
	地址：成都市一环路南一段 24 号（610065）
	电话：（028）85408511（发行部）、85400276（总编室）
	电子邮箱：scupress@vip.163.com
	网址：https://press.scu.edu.cn
印前制作：	四川胜翔数码印务设计有限公司
印刷装订：	成都市新都华兴印务有限公司
成品尺寸：	160mm×230mm
印　　张：	11.125
字　　数：	167 千字
版　　次：	2023 年 10 月 第 1 版
印　　次：	2023 年 10 月 第 1 次印刷
定　　价：	55.00 元

本社图书如有印装质量问题，请联系发行部调换

版权所有 ◆ 侵权必究

前　言

受疫情影响，在当前稳经济、促消费的大背景下，以"即时零售"为生力军的新零售正迎来快速发展。"到家O2O"是一种消费者通过O2O平台选购商品或服务，零售商为其提供实物或服务到家的电子商务模式。而即时零售，则是传统"到家O2O"在配送时效性上的升级版，因为即时零售对订单的配送时效的要求就是"快"（通常要求在30～120分钟以内）。调研发现，"到家O2O"生活服务类企业产品同质化严重，价格竞争激烈，企业的盈利水平很难得到保证。有别于传统零售市场需求主要受价格因素影响，"到家O2O"模式的市场需求还受到起送价格、订单配送价格、配送范围等因素影响。因此，制定合理的零售价格、起送价格、配送价格决策以及配送范围决策，是提高本地服务零售企业"到家O2O"盈利水平的主要手段。本书基于决策优化理论、博弈理论建立数学模型分别研究垄断、竞争企业在"到家O2O"模式下的最优零售价格、起送价格、配送价格以及配送范围决策，并基于模型结果对四川省火锅企业如何制定合理的"到家O2O"决策给予指导建议。

垄断零售商在"到家O2O"模式下设置零售价格和订单配送费时，可选择两种策略："提高零售价，免配送费策略"和"零售价不变，收费配送策略"。研究表明，当单位配送成本较低时，"提高零售价，免配送策略"是零售商的占优策略。零售商在考虑是否设置起送价格和配送范围时，可选择三种策略："零起送价格策略"、"设置起送价格策略"和"设置起送价格且限制配送范围策略"。结果显示，各策略的适用条件不尽相同，需要基于零售商承担的单位配送成本和消费者对商品的估值两个维度加以区分，建议零售商根据项目组绘制的"到家O2O"

策略选择导向图快速准确地选择最佳策略。

对于分别具有消费者偏好优、劣势的竞争零售商，首先提出在"到家O2O"模式下设置零售价格时，可选择两种策略："保守型定价策略"和"激进型定价策略"。若竞争劣势零售商先于竞争对手采取"到家O2O"模式，则建议其在单位配送服务成本较低时优先选择激进型定价策略，反之选择保守型定价策略；若竞争优、劣势零售商同时采取"到家O2O"模式，那么竞争优势零售商偏好保守型定价策略，而竞争劣势零售商则可能偏好激进型定价策略。其次发现在保守型、激进型定价策略下，免费配送都是竞争企业的最优订单配送费决策。然后在制定起送价格和配送范围时，提出零售商可选择三种策略："保守型配送范围+起送价格策略"、"激进型配送范围+高起送价格策略"和"激进型配送范围+低起送价格策略"。结果显示，各策略的适用条件不尽相同，需要基于零售商承担的单位配送成本和消费者对商品的估值两个维度加以区分，建议零售商根据项目组绘制的"到家O2O"策略选择导向图快速准确地选择最佳策略。

本书以四川省火锅企业为例，对如何合理制定"到家O2O"决策给予指导建议。提出在先于竞争企业采用"到家O2O"模式时应提高零售价格，在与竞争企业同时采用"到家O2O"模式时应酌情提高或降低零售价格。此外，建议企业以免费配送为最优订单配送费决策，并且根据策略导向图选择适当的起送价格及配送范围策略。"到家O2O"广受本地生活服务类企业青睐，但是对应的理论支撑却相对缺乏，本书研究竞争企业如何制定最优的"到家O2O"决策，为迅猛发展的"到家O2O"商务模式提供理论支撑。

目 录

第1章 绪 论

1.1 研究背景 …………………………………………………（003）
1.2 研究意义 …………………………………………………（006）
1.3 研究内容 …………………………………………………（007）
1.4 研究方法 …………………………………………………（009）
1.5 技术路线 …………………………………………………（010）

第2章 文献综述与相关理论

2.1 企业在"到家O2O"模式下的盈利性研究 ……………（013）
2.2 消费者在电子商务模式下的感知研究
（如感知易用性、感知有用性、感知质量、感知风险等）……（014）
2.3 影响顾客O2O消费体验的相关因素研究 ……………（017）
2.4 研究动态评述 ……………………………………………（018）

第3章 垄断零售商"到家O2O"决策

3.1 传统零售模式下零售价格决策 …………………………（023）
3.2 "到家O2O"模式下零售价格及订单配送费决策 ………（025）
3.3 "到家O2O"模式下起送价格决策 ………………………（033）
3.4 "到家O2O"模式下配送范围决策 ………………………（037）
3.5 模型扩展尝试 ……………………………………………（042）
3.6 模型结果评述 ……………………………………………（054）

第4章 竞争零售商"到家O2O"决策

4.1 传统零售模式下零售价格决策 …………………………… (061)
4.2 "到家O2O"模式下零售价格及订单配送费决策 ………… (065)
4.3 "到家O2O"模式下起送价格决策 ………………………… (110)
4.4 "到家O2O"模式下配送范围决策 ………………………… (116)
4.5 "到家O2O"模式下起送价格、配送范围综合决策 ……… (129)
4.6 模型结果评述 ………………………………………………… (143)

第5章 四川省生活服务类企业"到家O2O"决策现状及建议

5.1 "到家O2O"生活服务类企业的普遍特征 ………………… (151)
5.2 四川省"到家O2O"生活服务类企业的"巴蜀特征" … (153)
5.3 四川省"到家O2O"火锅企业的零售价格、订单配送费决策
　　及建议 ………………………………………………………… (158)
5.4 四川省"到家O2O"火锅企业的起送价格、配送范围决策及
　　建议 …………………………………………………………… (161)

主要参考文献 ……………………………………………………… (164)
附　录 ……………………………………………………………… (171)

第1章

绪 论

1.1 研究背景

1.1.1 即时零售与"到家O2O"

商务部于2022年8月发布的《2022年上半年中国网络零售市场发展报告》中首次明确提到"即时零售"的概念，并肯定了"即时零售"在"线上线下深度融合"中发挥的作用。根据艾瑞咨询的定义，"即时零售"是指互联网零售平台为消费者提供食品饮料、蔬菜水果、鲜花蛋糕、医药健康、家居日用、数码3C等商品的即时到家服务。在"即时零售"中，消费者通过线上平台下单商品，线下实体零售商通过三方或自有物流执行配送上门服务，配送时效通常在30~120分钟。受疫情影响，在当前稳经济、促消费的大背景下，以"即时零售"为生力军的新零售正迎来快速发展。中国连锁经营协会发布的《2022年中国即时零售发展报告》显示，即时零售近五年市场规模增速达到81%。预计在2025年，即时零售开放平台模式规模将突破万亿元门槛，达到约1.2万亿元。

目前全国各地区多家大型商超、零售商早已入局即时零售并持续扩大规模，众多餐饮店、便利店、水果店、鲜花店、杂货店、宠物用品店、美妆日化店、医药、母婴服装等中小零售商也纷纷参与。即时零售可划分为自营模式和平台模式。如盒马鲜生、大润发、永辉超市等大型企业的即时零售业务需自建门店或仓库以及线上平台，属于自营模式。但独立平台的搭建成本和运营成本很高，而且众多中小零售企业并没有独立搭建平台的实力，因此昔日的本地生活服务O2O（online-to-offline）平台企业（如京东到家）及主营餐饮外卖的O2O平台企业（如美团、饿了么等）纷纷入局即时零售领域，联手超市、便利店、水果、鲜花、美妆、母婴、医药、出行、娱乐、服装等零售商，为消费者提供即时送货到家、服务到家等服务。中小零售商携手平台企业开展即时零售业务则属于平台模式。目前市场上主流的即时零售平台企业包括美团、饿了么、京东到家、大众点评等。

O2O是以"线上支付+线下体验"为核心，将线下需求与互联网相结合的一种新兴电子商务模式。可将O2O模式划分为"到店O2O"和"到家O2O"。"到店O2O"即吸引消费者用户在线上下单并到门店消费或享受服务，是O2O行业萌芽的最初形态。"到家O2O"的发展打破了O2O市场体验方式的单一性。"到家O2O"是一种消费者通过O2O平台选购商品或服务，零售商为其提供实物或服务到家的电子商务模式。而前文提到的即时零售，则是传统"到家O2O"在配送时效性上的升级版。即时零售对订单的配送时效的要求是"快"（通常要求在30~120分钟以内），因此即时零售企业的运营决策如商品价格、订单配送费、起送价格、配送范围等皆会因此发生改变。本书的研究对象则是依托于O2O平台开展即时零售业务的中小零售企业，旨在探究其如何选择合理的"到家O2O"竞争策略。

1.1.2 四川省"到家O2O"发展现状

四川省商务厅公布数据显示，2023年1—3月，四川实现网络交易额11939.8亿元，同比增长16.3%。网络零售额2079.9亿元，同比增长19.4%。其中，实物型网络零售额1,469.3亿元，同比增长18.2%；服务型网络零售额610.6亿元，同比增长22.5%。农村网络零售额598.6亿元，同比增长24.6%。农产品网络零售额141.2亿元，同比增长20.3%。可见全省服务消费已实现新升级，美团、饿了么等平台发力外卖市场，推动餐饮线上线下深度融合。借助"互联网+"，上门美容美甲、收衣洗衣、洗车等"到家O2O"模式加快发展，提高居民生活服务便利化程度。中商数据与成都零售商协会联合发布《2022年度成都首入品牌研究》数据显示，成都2022年凭借商业市场的巨大消费潜力，全年共计引入708家首店，其中包括多家亚洲及全球首店，过去五年引入首店超 2500 家，稳居首店经济第三，仅次于北京、上海。从业态类型来看，2022 年成都首店的零售品牌入驻率较去年有所提升，餐饮及休闲娱乐业态略有回落。品牌首选驻地仍以集中式商业为主占比 72%，与去年基本持平。进驻首店主要以餐饮与零售业态为主。目前成都品牌便利店数量突破 4500 家，24 小时便利店超过 400 家，初步形成覆盖城乡的便利店服务体系。便利店的零售业务早已发生纵向变革，除门店的零售业务之外，结合移动互联网的"到家 O2O"也逐渐成为便利店的主流业务。随着移动智能终端的普及，O2O 得以高速发展并实现了本地化及移动设备的整合和完善，从饮食娱乐到休闲出行，渗透至广大消费者日常生活的方方面面。

1.1.3 研究"到家 O2O"决策的必要性

传统餐饮品牌以及连锁便利店、超市等本地服务零售企业加入"到家 O2O"，给一直以来野蛮生长的"到家 O2O"市场带来巨大冲击。这些"大佬们"拥有庞大的规模、严谨的运营体系和丰富的餐饮经验，更重要的是，消费者对品牌早已形成了深度的认可，上线后即使不做任何活动，也会有非常大的订单量。外卖头条创始人洪七公曾说："2018 年将迎来'到家 O2O'品牌企业的生死大考验。"曾经的外卖明星品牌——"笨熊造饭"一口气关闭了 200 多家门店，大量外卖小店守着每天两位数的订单，难以为继。与此同时，西贝开了线下纯外卖店；黄记煌宣称即将推出自主开发的新型外卖形式；有 22 家门店的何师烧烤，依靠外卖一年增收 5000 万。尤其是那些主要依靠打折满减迎合顾客、产品没有核心竞争力的小餐厅，很可能被淘汰出局。2018 年 2 月 9 日，全时便利店集团官方微信正式宣布完成了 2018 年首宗并购（并购四川 GOGO 连锁超市），力争实现"百城百万计划"的既定战略目标。截止 2020 年 5 月 16 日，全时成都官方公众号发布消息称全时便利店集团在成都已设有 106 余家门店，以"社区+商务+O2O"之全新理念经营日用快消品及生鲜等。

图1-1是成都手机用户在"饿了么"App中搜索便利店产品的结果截图，如图所示，在"到家O2O"市场上，零售企业间产品同质化十分严重，价格竞争非常激烈，所以企业的盈利水平也很难得到保证。有别于传统零售市场需求主要受价格因素影响，"到家O2O"模式的市场需求还受到订单费送价格、起送价格、配送范围等因素影响。因此，制定合理的零售价格、订单配送、起送价格以及配送范围决策是提高本地服务零售企业"到家O2O"盈利水平的主要手段。可见研究本地零售企业的"到家O2O"决策以及盈利条件具有一定的必要性，企业可根据本书研究结果在"到家O2O"模式下选择适当策略，做出各策略下的最优零售价格、订单配送、起送价格以及配送范围决策；也可根据盈利条件对各策略进行组合，从而实现利润最大化。

图1-1 成都手机用户"饿了么"App便利店产品截图：价格竞争

1.2 研究意义

1.2.1 理论意义

本书拟在研究过程中，不再简单地仅利用商品价格影响市场需求，而是基于消费者实时地理位置和消费者对商品需求量的差异性构建研究企业"到家O2O"决策的新视角。

首先，在关于竞争企业定价问题的文献基础上，将市场环境由静态拓展至动态，建立多期动态博弈模型，分析垄断、竞争环境下"到家O2O"企业如何制定最优零售价格、订单配送价格、起送价格及配送范围决策，为"到家O2O"企业运营决策的定量研究提供新的理论视角和方法。其次，将消费者的行为与"到家O2O"企业的运营决策相结合，为行为运作管理的发展做出理论贡献。再次，"到家O2O"广受本地生活服务类企业青睐，但是对应的理论支撑却相对缺乏，本书拟研究竞争企业如何制定最优的"到家O2O"决策，为迅猛发展的"到家O2O"商务模式提供理论支撑。

1.2.2 实践意义

对企业在"到家O2O"模式下的最优零售价格、订单配送价格、起送价格及配送范围决策进行定量研究，有助于企业合理制定决策并提高利润，从而有效促进"到家O2O"市场健康持续发展。

除了对企业决策提供量化指导之外，可以根据四川省"到家O2O"企业的特色，帮助四川省火锅企业认清影响其"到家O2O"决策的主要因素，为企业合理制定零售价格、订单配送价格、起送价格及配送范围决策提供建议。

1.3 研究内容

1.3.1 研究对象

本书以促进"到家O2O"健康、持续发展为目的，以本地化生活服务类企业的"到家O2O"决策包括零售价格、订单配送价格、起送价格及配送范围为主要研究对象，在考虑消费者实时地理位置和消费者对商品需求量存在差异性的基础上，结合企业间不对称的竞争环境，利用消费者效用最大化原则分析顾客的购买决策以及购买数量，建立博弈理论模型研究竞争企业的一系列最优决策。

1.3.2 总体框架

本书的研究总体框架如图1-2所示。

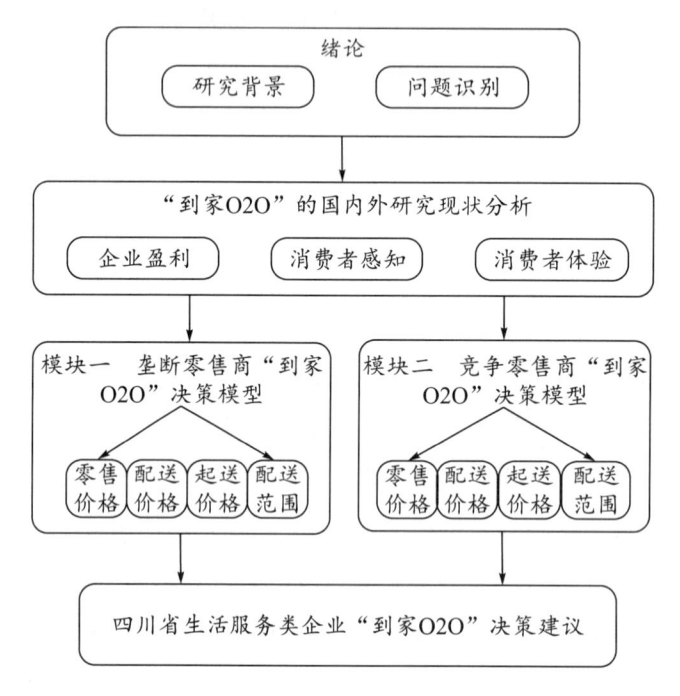

图1-2 研究总体框架

第一部分：绪论。包括选题背景和必要性，课题的研究内容和研究意义，研究方法和技术路线，结构安排和研究创新。

第二部分：国内外研究现状分析。对相关研究领域的研究成果、观点以及存在的问题进行详细的整理和分析，从而凸显本书的研究意义。

第三部分：垄断零售商"到家O2O"决策。基于消费者效用最大化原则分析顾客的购买决策及购买数量，刻画企业的市场份额。以企业利润最大化为目标函数，分别以商品零售价格、订单配送价格、起送价格、以及配送范围作为企业的决策变量，通过建立消费者与企业的博弈模型探索企业的一系列最优"到家O2O"决策，且在各最优决策基础上深入分析企业的盈利水平。

第四部分：竞争零售商"到家O2O"决策。基于消费者效用最大化原则分析顾客的购买决策及购买数量，刻画企业的市场份额。分别讨论竞争企业的激进型、保守型策略下的最优零售价格、订单配送价格、起送价格以及配送范围决策，通过对比不同策略的盈利水平，指导竞争企业在适当的条件下合理选择相应策略。

第五部分：四川省生活服务类企业"到家O2O"决策现状及建议。详细分析"到家O2O"生活服务类企业的普遍特征，以及四川省"到家O2O"生活服务类企业的"巴蜀特征"。基于研究结论，对四川省"到家O2O"火锅企业的零售价格、订单配送价格、起送价格以及配送范围决策提供理论支撑和实践指导。

1.4 研究方法

本书的研究方法主要为如下几类。

1.4.1 文献研究

通过对相关文献的深入阅读和理解，对相关研究领域的研究成果、观点以及存在的问题进行详细的整理和分析，从而确定本书的研究主题和技术路线，凸显本书的研究意义。

1.4.2 数学建模

主要基于决策优化理论和博弈理论建立数学模型。模型的建立与拓展是课题研究的基础，将消费者实时地理位置和商品需求量的差异性量化在数学模型中是本书研究的关键。

1.4.3 数值模拟

基于理论模型推导所得研究结果，对模型的外生参数进行赋值，进行数值实验。一是检验所得模型理论结果的正确性，二是通过对参数的敏感性分析反映出消费者行为、企业成本等因素对企业O2O决策的影响。

1.5 技术路线

本书研究的基本思路及技术路线图如图1-3所示。

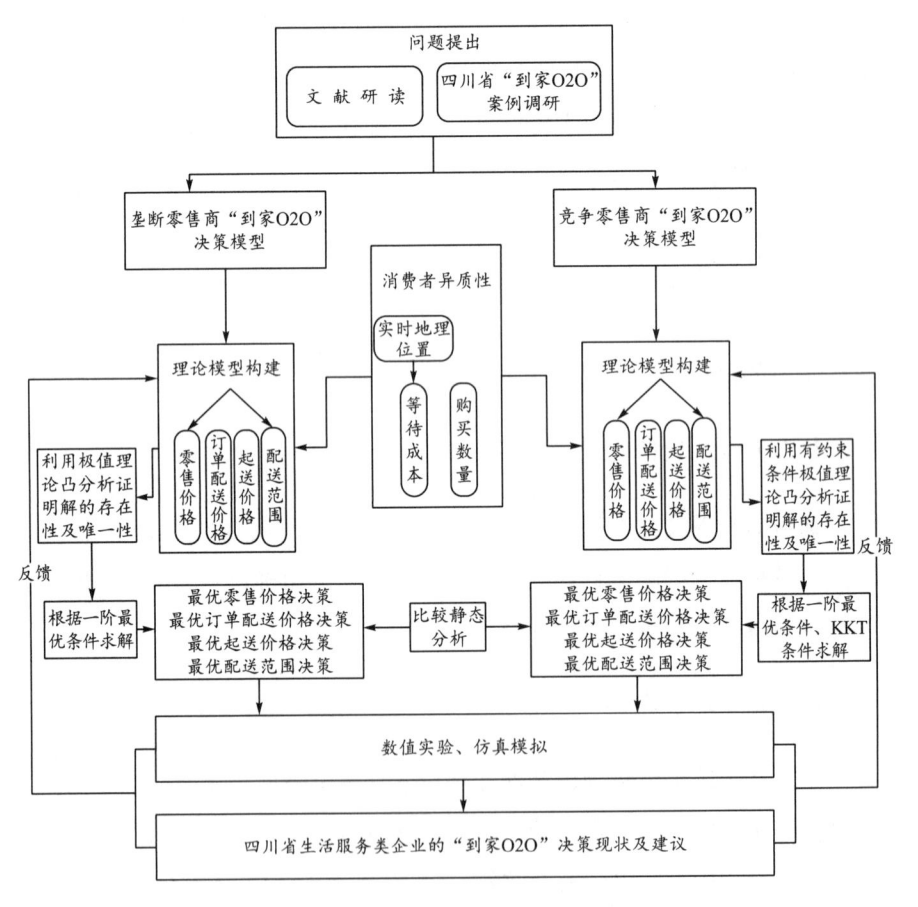

图1-3 研究思路及技术路线图

第 2 章
文献综述与相关理论

O2O的概念最早由美国企业家Alex Rampell（2010）提出，是一种将线下需求与互联网相结合的新兴电子商务模式。在O2O发展初期，以"到店O2O"为研究对象的文献居多。随着O2O的不断发展，"到家O2O"也逐渐受到企业决策者和学者们的关注。其中关于O2O平台发展策略的研究最多，而本书则是关注本地生活服务零售企业在"到家O2O"模式下的最优决策。我们从如下三个方面梳理与本书相关的文献。

2.1 企业在"到家O2O"模式下的盈利性研究

已有较多文献关注O2O平台的盈利水平，而关注O2O企业盈利状况的文献相对较少，研究"到家O2O"模式下企业盈利能力的文献更是不多。如丁辰灵（2015）分析了O2O到家模式可能失败的主要原因。刘文昌等（2015）对外卖行业当前的诸多问题进行了分析，包括竞争激烈导致资金周转困难、毛利率低导致盈利困难、物流配送高成本与顾客体验冲突、食品安全信任等四个问题。从定性角度提出了企业的发展对策，例如避免盲目扩张、配备餐厨柜、建立商家评价体系、吸引高科技人才等方案。为提高企业利润水平，邓涵（2016）提出四个营销策略：首先树立品牌观念，建立多维度营销模式；其次保证物流配送速度，保障食品质量与安全；再次充分利用大数据抓住消费者的喜好；最后优化App平台，使消费者有更好的用户体验。张琼芳（2017）通过数据归纳法、案例分析法、调查法分析外卖企业在移动互联网时代的经营现状，并对企业的营销策略提出了宏观层面的指导意见，包括抓住年轻消费者的个性化需求、管理规范食品安全问题以及制定高标准化物流配送机制等意见。He等（2018）提出AOFOM模型，研究结果显示餐厅质量对消费者评价具有重要影响，而餐厅的位置与消费者的等待时间并没有显著关系。在考虑三方平台提供配送服务的情况下，顾客行为、等待时长等因素对外卖企业利润水平的影响显著。可见零售企业在"到家 O2O"模式下的盈利问题已经引起学者关注,值得更深入的研究。

2.2 消费者在电子商务模式下的感知研究(如感知易用性、感知有用性、感知质量、感知风险等)

"到家 O2O"市场最为常见的营销手段包括满减、打折策略等,这些营销策略均为顾客提供了优惠福利,但若是没有选择指定商品或者消费金额没有达到一定门槛,顾客在支付环节则无法使用这些优惠福利。不同需求的顾客对这些优惠福利可能产生不同的易用感知程度,顾客的易用感知程度将直接影响其购买决策。所以本文需要关注顾客在电子商务模式下的感知研究。多数文献是利用既定的技术接受模型研究消费者接受各种电子商务模式的影响因素。Davis 于 1989 年基于理性行为理论,针对用户对某信息系统的接受行为提出技术接受模型(TAM)模型,该模型主要包含两个决定因素(Davis,1989):(1)感知易用性,反映一个用户认为使用某具体信息系统的容易程度;(2)感知有用性,反映一个用户认为使用某具体信息系统对其工作业绩提高的作用程度。

技术接受模型(TAM)已经被广泛应用于运作管理领域。如 Hung 等(2003)根据计划行为理论、创新推广理论以及技术接受模型研究移动电子商务用户对无线应用协议(WAP)的接受采纳程度。基于在台湾进行的一项关于 WAP 服务的实验,发现用户对 WAP 的感知易用程度对其是否接纳并采用 WAP 存在明显的正向影响。基于扩展的技术接受模型,关于移动手机优惠券的使用行为问题,Jayasingh 和 Eze(2009)面向马来西亚消费者对其意向进行了实证研究。研究结果表明,移动手机优惠券的使用行为意向与感知有用性、感知易用性、感知可信度皆正向相关。Im 和 Ha(2013)研究了消费者对许可营销的接受采纳程度,许可营销是指零售商在得到消费者明确同意后再向其移动手机推送营销信息的一种营销手段。基于扩展的技术接受模型,证明消费者对许可营销的感知有用性和感知易用性对其接受许可营销的行为意向有着明显的正面影响。特别的是，感知易用性对消费者的接受行为意向产生的正面影响强于感知有用性。此外，结果还表明消费者对许可营销的感知风险程度对其接受行为意向产生明显的负面影响。Ha 和 Im（2014）讨论了性别差异、个性化程度、主观标准等因素对消费者接受且使用手机移动优惠券的行为意向影响。研究表明，移动手机优惠券的兼容性及娱乐享受性比消费者的感知有用性及感知易用程度对消费者的行为意向的影响更加明显。此外，女性消费者对移动优惠券的行为意向容易受到娱乐享受性程度和感知有用性程度影响，而男性消费者对移动优惠券的行为意向容易受到感知易用性程度影响。

Tingchi Liu 等（2013）的研究结果显示，消费者对在线团购的态度被三种感知利益（价格收益、便利性收益和娱乐收益）和三个信任因素（感知声誉、结构保证和网站可信度）的显著正向影响。所以零售企业在设计团购机制时应考虑消费者的感知和信任度。Hsu 等（2014）研究了在线团购用户的回购行为。研究结果表明，用户对网站的满意度、卖家的满意度、网站的质量感知等因素均正向影响回购意向。指出利用团购通道吸引顾客以原价回购商品是团购模式可持续发展的有效措施。陈小芳等（2015）基于技术接受模型讨论影响消费者网络购物行为意向的五大主要因素：感知有用性、感知易用性、感知网络店铺服务水平、感知网络购物安全性和感知网络口碑。通过对几大因素进行回归分析，发现在影响消费行为意向的关键因素中，好的顾客体验和轻松的购物氛围是消费者所看重的特质，所以消费者对网络购物的感知服务水平和感知安全性有较高要求。且在其他影响因素中，感知易用性对消费者网络购物行为意向的影响强于感知有用性。关于二维码营销对消费者购买意愿的影响，陈秀云等（2015）结合技术接受模型和结构方程模型，从实证角度分析论题并提出感知易用性、感知娱乐性、感知价格价值、感知安全性是影响消费者购买意愿的关键因素，皆与消费者的购买意愿有着强烈的正相关性。研究还发现在二维码营销中，感知有用性对消费者的购买意愿的影响在统计上并不显著，这在一定程度上反映了消费者盲目跟风消费的现象。并建议企业的二维码营销策略应该侧重提高消费者的感知易用性、感知娱乐性、感知价格价值、感知安全性。

  吴威（2015）引入风险、信任、主观标准和外部环境等因素，利用扩展技术接受模型研究消费者移动网络购物行为。发现消费者对移动网络购物的感知易用性、感知有用性和感知风险性受到顾客移动网络购物经验的影响，且感知风险性实际上不会成为影响年轻人选择移动网络购物的因素。杨一翁等（2016）讨论了影响消费者接受推荐系统的关键因素。将技术接受模型与信息系统成功模型相结合，根据购物网站服务质量、推荐信息质量以及推荐系统质量三个因素，构建模型研究以上三因素对消费者感知有用性、感知易用性以及对推荐系统使用行为意向的影响。在模型中，消费者感知有用性、感知易用性作为中介变量影响消费者最终形成的关于推荐系统的使用行为意向。研究结果表明，上述三因素均可通过中介变量影响消费者对推荐系统的接受行为意向。三因素对消费者接受推荐系统行为的影响强度从大到小依次为：推荐信息质量，购物网站服务质量，推荐系统质量。三因素影响强度的排序为网络零感知售商促进消费者接受推荐系统所实施的资源投资提供了先后顺序。张应语（2015）以O2O模式下生鲜农产品购买意愿为研究背景，利用感知收益—感知风险为框架提出一系列假设，得出结论是感知收益与总体态度和信任呈正相关，而感知风险与总体态度和信任呈负相关；感知收益与感知风险呈对立关系，分别对购买意愿有积极和消极的影响。根据以上结论可以为准备推广O2O模式的商家提供三点政策性意见，首先，应该选择网购模式接受程度较高地区进行宣传。其次，商家信誉与服务质量应当作为企业工作的重中之重。最后，商家需要加强网站建设，丰富产品的各项信息，让消费者对产品有更具体的感知。赵亮（2016）引入用户重购意向、感知价格、满意度、感知质量四大变量，通过AMOS对数据进行实证分析，得到消费者的重复购买意向。商家产品及服务质量、平台服务质量、平台系统质量、平台信息质量四个质量维度构成了感知质量；平台信息质量、平台服务质量、平台系统质量对感知质量有显著性影响且依次递增。通过以上"到家 O2O"模式下的论证，得知顾客的感知质量、感知收益等因素对其购买意愿产生正向影响。

2.3 影响顾客 O2O 消费体验的相关因素研究

为了保证本文在研究过程中准确把握影响顾客购买决策的主要变量，我们需要关注影响顾客 O2O 消费体验的相关因素。Shiau 和 Luo（2012）提出消费者的满意、信任和卖家的创造力共同影响消费者参与在线团购的意愿。消费者对网上团购的满意度主要来自消费者对零售企业以及团购平台的信任度。此外，消费者的互惠性也是影响消费者是否选择参与团购的显著影响之一。关于"消费者体验度影响因素"这个问题，崔健和朱小栋（2014）以苹果体验店为研究对象，提出消费者体验满意度与体验过程的互动性存在较强的正相关关系。蔡凌飞和苏贵影（2015）采取因子分析法和实证研究法，基于接收商品信息、挑选商品、支付、售后四个阶段引入了 11 项指标对购物体验进行评价，深入分析 O2O 商业模式下影响消费者体验的重要因素，为企业的运营发展提出方案对策。宋继承（2014）的研究结果显示在到家 O2O 模式下，消费者对产品的需求特征已经发生变化，从传统市场的价格、包装等方面转移至 O2O 产品购买的便利性、时间节省性等方面；同时要求产品设计具有互动娱乐、自动记忆、基于产品的分享功能等特征，因此产品的情趣化、互动性、探索性将成为产品策略的核心，在营销策略方面全渠道营销模式占据优势，数字营销与互动营销成为主流。于本海等（2015）在深入调研社区 O2O 电商模式的基础上建立实证模型，证明信任、感知易用度、感知有用性等因素对消费者有正向吸引作用，而感知风险却几乎没有影响；电商商户的线下门店现状对消费者的信任和感知有用性存在积极影响，对感知风险存在消极影响。张茜和赵亮（2014）基于系统动力学，建立关于顾客体验的 O2O 商务模式模型，通过模拟仿真分析O2O商务模式对企业盈利能力和顾客满意度的影响。刘欣梅（2014）提出良好的用餐体验是餐饮O2O企业的核心，而良好的用餐体验主要由以下三点组成：环境体验、服务体验、产品体验。建议企业在运营过程中实施互动营销，尝试多种体验主题。孔栋等（2015）基于美团、饿了么、美乐乐、社区001、泰迪洗涤以及滴滴打车六个案例构建了O2O模式的分类体系。提出根据供需信息匹配、产品服务交付以及业务分工三个维度可以将O2O企业分为八个具体类型，便于O2O企业认清自身定位，明确自身产品和服务的特点，为O2O企业的健康发展提供了理论支撑。

刘文纲等（2017）梳理了零售业态的发展历程，提出零售业发展的一个重要趋势是业态小型化，因为大型超市以及便利店经营已经比较成熟，在发展空间上存在更大的竞争与制约。通过对小型零售业态的商业逻辑、创新框架的分析，提出影响零售业创新效果的若干因素，包括供应链管理、商品组合、门店氛围、选址等，且对零售行业的发展指明了新的发展方向与路径。张旭梅等（2018）以生鲜农产品为研究对象，从生鲜产品的买入和生鲜产品的处理流程等方面着手，分析消费者在信息、获取、支付、处理四个方面的便利性，提出考虑消费者便利性的O2O生鲜农产品商业模式。并基于生鲜农产品的盈利方式、核心资源、关键流程、价值主张等方面，对生鲜电商在市场的立足和发展提供了可行方案。以上文献表明在O2O模式下，顾客的消费体验对企业利润及发展有着重要影响。影响顾客的消费体验的因素主要包括商品价格、质量、配送时长、福利优惠大小、服务水平等。

2.4 研究动态评述

首先，国外文献多结合实证分析方法基于消费者感知行为等因素研究顾客对O2O的接受程度，以及结合实验方法研究顾客在O2O中的消费行为。但少有文献通过建立数学模型研究企业在"到家O2O"市场中的竞争决策。其次，在国内文献中，相对于丰富的 O2O 平台研究，关于 O2O 企业决策的研究较少，且偏重于定性研究，多是对企业的发展提出宏观层面的指导意见。少有文献从从微观层面，量化指导企业在"到家 O2O"中具体制定零售价格、订单配送价格、起送价格、配送范围决策等。所以本文拟基于决策优化理论、博弈理论建立数学模型，研究竞争企业在"到家 O2O"模式中的均衡决策。结合四川省生活服务类企业的特征，对其"到家 O2O"决策现状进行分析且提出建议。

| 第 3 章 |

垄断零售商"到家 O2O"决策

3.1 传统零售模式下零售价格决策

传统零售模式下,消费者需自行承担交通成本前往零售商处购买商品,零售商并不提供"送货到家"等服务。假设市场上仅有垄断零售商 A(以下简称"零售商 A")坐落在单位线段的原点,以零售价格 p 出售某商品。为了简便,将商品的单位成本视为 0。消费者的位置 x 在单位线段上呈均匀分布,消费者根据对商品的估值 v 及对零售商的偏好程度 θ 确定购买数量 q,根据商品零售价格 p 及前往零售商 A 处购买商品的交通成本 tx 最终决定是否购买零售商 A 的商品,其中 t 是消费者的单位交通成本,交通成本与消费者距零售商 A 的距离成正比。因为单位交通成本是影响消费者购买行为的重要因素,所以我们进一步假设 t 充分大且满足 $t \geq \frac{1}{4}\theta^2 v^2$,以保证其对购买行为产生有效的影响。

假设消费者购买数量为 q 的商品可得效用 θvq,其中 v 是消费者对该类商品的估值,θ($0 < \theta \leq 1$)表示消费者对零售商 A 的平均偏好程度;虽然消费者通过购买商品得到效用但同时也需付出机会成本 $\frac{1}{2}q^2$,且该机会成本随着购买数量单增。根据商品带给消费者的边际效用递减原则,消费者购买数量为 q 的商品所得效用函数如下:

$$u(q) = \theta vq - \frac{1}{2}q^2 \qquad (3-1)$$

显然,消费者的最优购买数量为 $q^* = \theta v$,则前往零售商 A 处以零售价 p 购买 q^* 数量的商品带来的最终消费者剩余如下:

$$V(q^*) = u(q^*) - p \cdot q^* - tx \qquad (3-2)$$

仅当最终消费者剩余非负,即 $x \leq \frac{v\theta}{2t}(\theta v - 2p)$ 时,消费者才会选

择购买零售商 A 的商品。将消费者总人数单位化为 1，可得零售商 A 的利润函数：

$$\Pi(p) = \int_0^{\frac{v\theta}{2t}(\theta v - 2p)} p \cdot q^* \, \mathrm{d}x \tag{3-3}$$

零售商需通过制定商品的零售价格最大化其利润，通过求解优化问题 $\max_p \Pi(p)$ 即可确定最优零售价格。

命题 3-1 垄断零售商在传统零售模式下的最优零售价格为 $p^* = \frac{1}{4}\theta v$，最大化利润为 $\Pi^* = \frac{\theta^4 v^4}{16t}$。

给定消费者对零售商 A 的平均偏好程度 $\theta = 0.8$，消费者对该类商品的估值 $v = 0.6$，消费者的单位交通成本 $t = 0.2$，可得图 3-1，

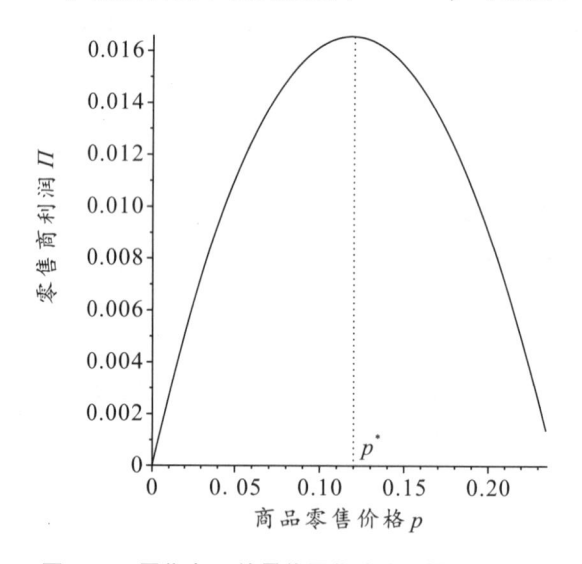

图 3-1 零售商 A 的最优零售价格及最大化利润

由图 3-1 可知，在传统零售模式下，垄断零售商的利润是关于零售价格的凸函数。当商品零售价格较低时，零售商利润随着商品零售价格的升高而升高；当商品零售价格较高时，零售商利润随着商品零售价格的升高而降低。通过设置最优零售价格，可以使得垄断零售商在传统零售模式下实现利润最大化。

本节中，我们在考虑消费者对零售商的偏好程度具有同质性的情形下讨论垄断零售商在传统零售模式中的商品零售价定价问题。下面我们将在"到家O2O"模式下讨论零售商的相关定价问题。

3.2 "到家O2O"模式下零售价格及订单配送费决策

由上节可知，在传统零售模式下，一些距离零售商 A 较远的顾客不会购买任何商品。为了吸引距离零售商 A 较远的顾客购买商品，本节中垄断零售商考虑基于某O2O平台对顾客提供送货到家、服务到家等服务，在沿用3.1节中参数设定的基础上，将零售商的单位配送成本记为 g。

由3.1节可知，个人消费者的平均最优购买数量为 $q^* = \theta v$。除了选择承担交通成本 tx 自行前往零售商 A 处购买商品的传统购买方式，消费者也可以选择"到家O2O"模式购买商品，即向零售商支付配送费 c 享受零售商送货到家的服务，但等待商品配送也需承担等待成本 wx，其中 w 是消费者的单位等待成本，且等待成本与消费者距零售商 A 的距离成正比。

如图3-2所示，在"到家O2O"模式下，零售商在一定配送范围内向消费者收取的配送费关于距离的波动并不明显，故本节将零售商的配送费考虑为定值 c。消费者的单位等待成本 w 的大小与零售商的配送效率和配送服务水平密切相关，随着"到家O2O"的发展，零售商的配送效率和配送服务水平逐渐提高，消费者普遍认为"到家O2O"的等待成本远低于自行前往零售商处购买的交通成本，这也是"到家O2O"得以迅速发展的主要原因。

图 3-2 "到家 O2O"用户界面截图

为了体现"到家 O2O"配送服务对消费者购买行为的显著影响，假设消费者在"到家 O2O"中的等待成本足够低满足 $w < \frac{1}{3}t$。传统零售模式和"到家 O2O"模式产生的最终消费者剩余 $V(q^*)$ 和 $V_{O2O}(q^*)$ 分别为

$$V(q^*) = u(q^*) - p \cdot q^* - tx \qquad (3-4)$$

$$V_{O2O}(q^*) = u(q^*) - p \cdot q^* - c - wx \qquad (3-5)$$

当某最终消费者剩余 $V(q^*)$ 或者 $V_{O2O}(q^*)$ 非负时，消费者会选择对应购买方式在零售商 A 处购买商品。但若 $V(q^*)$ 和 $V_{O2O}(q^*)$ 同时非负，则消费者会选择产生较大最终消费者剩余的购买方式。可推断位于 $0 \leq x \leq \frac{c}{t-w}$ 的消费者会选择自行前往零售商 A 处购买商品，因为这些消费者距离零售商 A 较近，需要支付配送费和承担

等待成本的"到家O2O"于他们来说并不一定是最佳选择；位于 $\frac{c}{t-w} < x \leqslant \frac{\theta^2 v^2 - 2p\theta v - 2c}{2w}$ 的消费者会选择"到家O2O"的方式购买零售商 A 的商品，这些消费者距离零售商 A 较远，"到家O2O"方式比需要自行前往购买的传统零售方式更佳；位于 $\frac{\theta^2 v^2 - 2p\theta v - 2c}{2w} < x \leqslant 1$ 的消费者因距离零售商 A 太远，两种购买方式都无法接受，所以不会购买 A 的商品。

3.2.1 零售商联合优化商品零售价格及订单配送费

基于以上分析将消费者总人数单位化为 1，可得零售商 A 在"到家O2O"模式下的利润函数如下：

$$\Pi_{O2O}(p,c) = \int_0^{\frac{c}{t-w}} p \cdot q^* \, \mathrm{d}x + \int_{\frac{c}{t-w}}^{\frac{\theta^2 v^2 - 2p\theta v - 2c}{2w}} (p \cdot q^* + c - gx) \, \mathrm{d}x$$

(3－6)

在"到家O2O"模式下，零售商应该思考如何制定商品的零售价格以及订单配送费，以及什么情况下才能通过"到家O2O"模式获得比传统零售模式更高的利润。通过求解联合优化问题 $\max_{p,c} \Pi_{O2O}(p,c)$ 即可确定最优零售价格和最优配送费。

命题 3－2 当零售商的单位配送成本 g 足够低且满足 $g < 2(t-w)$ 时，零售商应该采取"到家O2O"模式，且最优零售价格为 $p_{O2O}^* = \frac{\theta v (w+g)}{2(2w+g)}$，单笔订单的最优配送费为 $c^* = 0$，最大化利润为 $\Pi_{O2O}^{1\,*} = \frac{\theta^4 v^4}{8(2w+g)}$。

推论 3－1 在零售商的单位配送成本 g 足够低且满足 $g < 2(t-w)$ 的条件下，与传统零售模式相比，零售商在"到家O2O"模式中：(1) 提高了商品零售商价格，即 $p_{O2O}^* > p^*$；(2) 向消费者提供了免

- 027 -

费的送货到家、服务到家的配送服务，即 $c^* = 0$；(3) 获得更高利润，即 $\Pi_{O2O}^{1*} > \Pi^*$ 恒成立。

给定消费者对零售商 A 的平均偏好程度 $\theta = 0.8$，消费者对该类商品的估值 $v = 0.6$，消费者的单位交通成本 $t = 0.2$，消费者的单位等待成本 $w = 0.05$，零售商的单位配送成本 $g = 0.1$，配送费 $c = 0$。我们在图 3-3 中绘制出零售商分别在传统零售模式和"到家 O2O"模式下的利润。

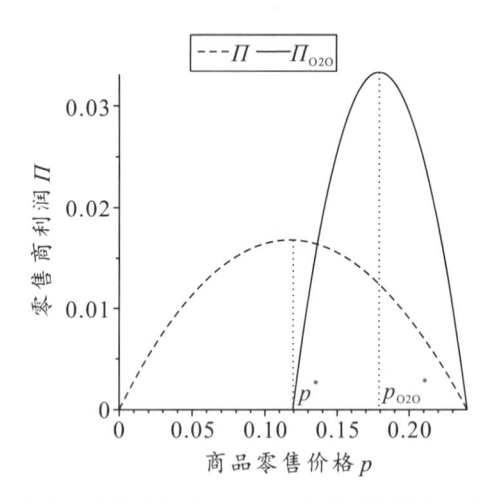

图 3-3 传统零售模式和"到家 O2O"模式下的零售商利润比较

当消费者对零售商的偏好程度具有同质性且零售商需承担的单位配送成本足够低时，如图 3-3 所示，通过"提高零售价格、免费配送"的方式一定可以使得零售商在"到家 O2O"模式下获得更高利润。

推论 3-2 在零售商的单位配送成本 g 足够低且满足 $g < 2(t-w)$ 的条件下，"到家 O2O"模式中的商品零售价格 p_{O2O}^* 关于零售商的单位配送成本 g 单调递增，关于消费者的单位等待成本 w 单调递减。

给定消费者对零售商 A 的平均偏好程度 $\theta = 0.8$，消费者对该类商品的估值 $v = 0.6$，消费者的单位交通成本 $t = 0.2$，消费者的单位等待成本 $w = 0.05$，零售商的单位配送成本 $g = 0.1$，可得图 3-4。

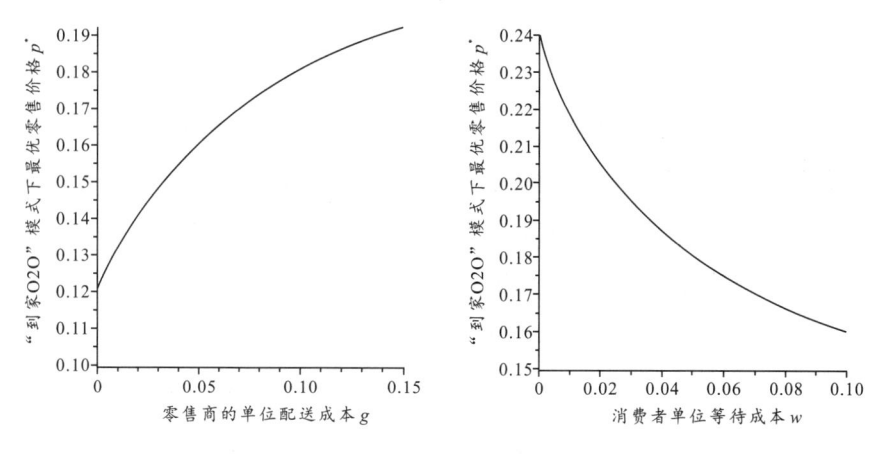

图 3-4　"到家 O2O"模式下最优零售价格的敏感性分析

图 3-4 是零售商在"到家 O2O"模式下最优零售价格的敏感性分析结果,易知零售商的单位配送成本越高,最优零售价格越高;消费者的单位等待成本越高,零售商的最优零售价格越低。

3.2.2　零售商只优化订单配送费

在"到家 O2O"模式下,零售商也可以在传统零售模式下最优零售价格 p^* 的基础上,只考虑设置最优的配送费用。将消费者总人数单位化为 1,基于传统零售模式下的最优商品零售价格 p^*,零售商 A 在"到家 O2O"模式下的利润函数为:

$$\Pi_{O2O}(c) = \int_0^{\frac{c}{t-w}} p^* \cdot q^* \mathrm{d}x + \int_{\frac{c}{t-w}}^{\frac{\theta 2v^2-2p^* \cdot \theta v-2c}{2w}} (p^* \cdot q^* + c - gx)\mathrm{d}x \tag{3-7}$$

通过求解优化问题 $\max_c \Pi_{O2O}(c)$ 即可确定最优配送费。

命题 3-3　当零售商的单位配送成本 g 足够低且满足 $g < 2(t-w)$ 时,若零售商在"到家 O2O"模式下保持传统零售模式下的零售价格 p^* 不变,则单笔订单的最优配送费为 $c^* = \dfrac{\theta^2 v^2 g (t-w)^2}{4[t(2wt+gt-2w^2-2wg)]}$,

最大化利润为 $\Pi_{O2O}^{2\ *} = \dfrac{\theta^4 v^4 \ (g^2 + 4t^2 - 4wt - 2gt)}{32\ [t\ (2wt + gt - 2w^2 - 2wg)]}$。

推论 3-3 在零售商的单位配送成本 g 足够低且满足 $g < 2(t-w)$ 的条件下，若零售商只优化配送费，则最优配送费 c^* 关于零售商的单位配送成本 g 单调递增，关于消费者的单位等待成本 w 单调递减，关于消费者的单位交通成本先单调递减再单调递增。

给定消费者对零售商 A 的平均偏好程度 $\theta = 0.8$，消费者对该类商品的估值 $v = 0.6$，消费者的单位交通成本 $t = 0.2$，消费者的单位等待成本 $w = 0.05$，零售商的单位配送成本 $g = 0.1$，可绘制图 3-5。

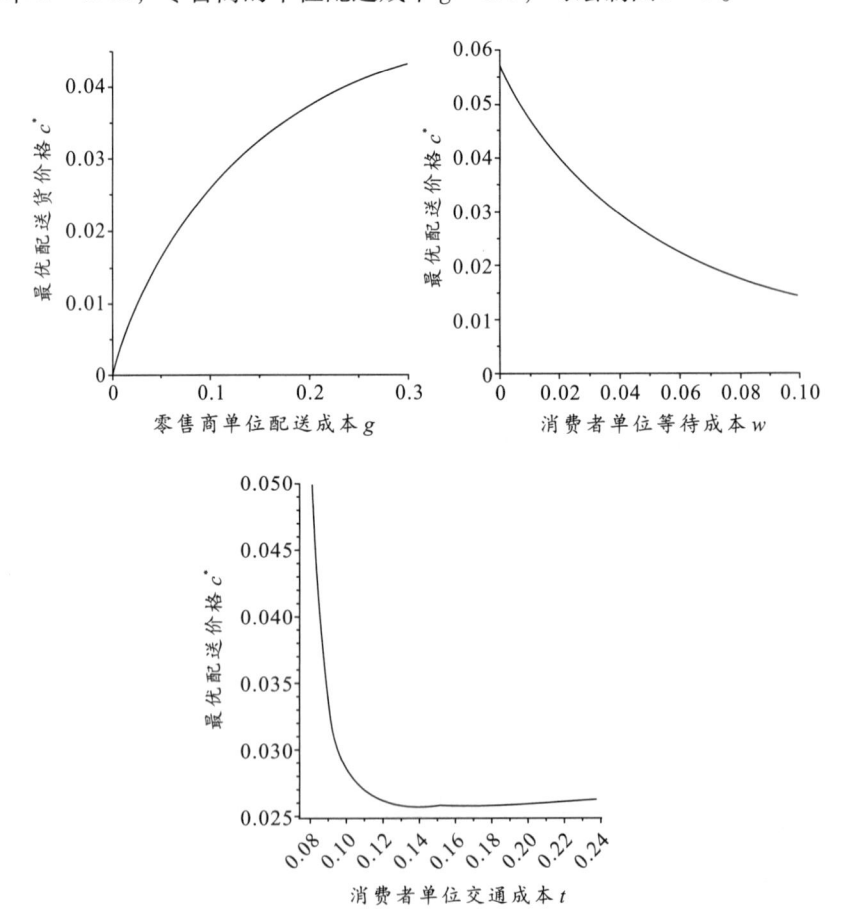

图 3-5 "到家 O2O"模式下最优配送费的敏感性分析

如果零售商在"到家O2O"模式下保持零售价格不变，如图3-5，则其向消费者收取的最优配送费随着零售商单位配送成本的增加而增加，且随消费者单位等待成本的减少而减少，以及随消费单位交通成本的增加而先减少后增加。

推论3-4 在单位配送成本g足够低且满足$g<2(t-w)$的条件下：

（1）有两种定价策略供零售商在"到家O2O"模式中选择。

定价策略（a）：提高零售价、免配送策略，即将商品零售价格从p^*提高至p_{O2O}^*，配送费

$$c^* = 0;$$

定价策略（b）：零售价不变、收费配送策略，即商品零售价格p^*不变，配送费

$$c^* = \frac{\theta^2 v^2 g(t-w)^2}{4t(2wt + gt - 2w^2 - 2wg)}。$$

（2）定价策略（a）始终比定价策略（b）为零售商带来更高的利润，即$\Pi_{O2O}^{1*} > \Pi_{O2O}^{2*}$恒成立。

推论3-4表明，当单位配送成本较低时，与"零售价不变、收费配送策略"相比，"提高零售价、免配送策略"是零售商的占优策略。

给定消费者对零售商A的平均偏好程度$\theta=0.8$，消费者对该类商品的估值$v=0.6$，消费者的单位交通成本$t=0.2$，消费者的单位等待成本$w=0.05$，零售商的单位配送成本$g=0.1$，则零售商在"到家O2O"模式下分别选择定价策略（a）（b），其利润如图3-6所示。

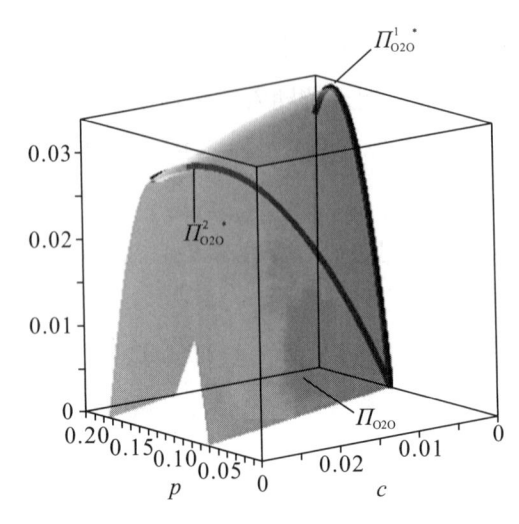

图 3-6 定价策略（a）始终比定价策略（b）利润比较

在图 3-6 中，$\Pi_{O2O}^{1}{}^{*}$ 和 $\Pi_{O2O}^{2}{}^{*}$ 分别表示零售商选择定价策略（a）和（b）时的最大化利润。显然 $\Pi_{O2O}^{1}{}^{*} > \Pi_{O2O}^{2}{}^{*}$ 恒成立，即与"零售价不变、收费配送策略"相比，"提高零售价、免配送策略"始终是垄断零售商的占优定价策略。

本节在考虑消费者对零售商的偏好程度具有同质性的情形下，讨论了垄断零售商在"到家 O2O"模式中的定价问题，提出零售商可选择"提高零售价、免配送费策略"和"零售价不变、收费配送策略"，且发现当单位配送成本较低时，"提高零售价、免配送策略"是零售商的最优策略。

值得注意的是，若单位配送成本 g 较高至超过 $2(t-w)$，则以上两种定价策略的最优解均不存在，即零售商无法利用与零售价格或者配送费相关的策略提高在"到家 O2O"模式下的利润。但是"到家 O2O"的发展需要配套更高效率、更高水平的配送服务。在配送服务的基础建设投入产生规模效益之前，高效率、高水平的配送服务无法避免不菲的成本问题，那么零售商在"到家 O2O"模式中应如何应对·基于对"到家 O2O"市场的进一步调研，面临无法忽视的配送成本，我们将继续建立模型研究零售商如何通过设置起送价格、限制配送范围等手段提高利润。

3.3 "到家O2O"模式下起送价格决策

"到家O2O"模式在本地生活服务行业得以迅猛发展，首先离不开O2O平台的支持。O2O平台不仅有效促进供需成功匹配，对O2O商务的支付与结算也提供有力保障，甚至在商品配送环节也予以提供各种增值服务。得益于各O2O平台的帮助，消费者对"到家O2O"的体验感大幅提升，所以零售商的"到家O2O"业务对O2O平台的依赖程度越来越高。据新华网报道，众多商家对O2O平台不断上涨的佣金抽成费用叫苦连连。消费者在"到家O2O"中的等待成本大幅度降低的同时，零售商需承担的配送服务成本却在升高，本节研究零售商如何通过设置起送价格提高利润。如图3-7所示，仅当单笔订单的消费金额达到一定的"价格门槛"，商家才向消费者提供配送服务，此价格门槛则称为"起送价格"。设置起送价格是O2O零售商用以抵消配送服务成本、保证盈利空间的主要手段。同时，图3-7也显示，若设置起送价格，则零售商向消费者收取的配送费很低甚至是免费。零配送费可以在很大程度上提升消费者在"到家O2O"中的体验，且结合3.2节中所得结论——零配送费为零售商的最优订单配送价格决策，本节不再考虑配送费这一影响因素，主要以零售商在"到家O2O"中的起送价格为关注点。但如果在模型中考虑零售商向消费者收取配送费，那么在消费者剩余函数中减去配送费，也不会影响最终模型结果。

图3-7 成都地区"到家O2O"消费者用户手机截图

"到家O2O"模式在本地生活服务行业得以迅猛发展,其次离不开其独特的市场环境。一是买卖双方的本地化,可以保证配送服务的高效率。高配送效率使得消费者在"到家O2O"模式中的体验感愈加良好,3.2节中考虑的"与消费者距商家的距离成正比的等待成本"对消费者购买行为的影响逐渐减弱。二是交易商品种类越来越广泛,几乎包含所有生活必需品,使得消费者对商品零售价格的敏感性逐渐减弱。随着城市生活节奏的加快,除交通成本以外,消费者自行前往零售商购买商品所需的精神成本、时间成本越来越高,如果"到家O2O"服务只收取较低的配送费甚至免配送费,那么消费者距商家的距离因素对消费者O2O购买行为的影响则逐渐减弱甚至消失。

总之市场环境快速培养了消费者"到家O2O"的消费习惯,已具有"到家O2O"消费习惯的消费者不会考虑自行前往零售商购买商品。根据易观国际发布的《中国本地生活服务行业洞察2019H1》,2018年中国到家O2O业务市场交易规模达到5644.3亿元,与上一年相比增长了1.37%。2019年上半年,中国到家O2O业务市场交易规模达3587.2亿元人民币,在本地生活服务中占比39.2%。在大规模补贴政策和夜宵、下午茶等外卖消费形式的多样化使得越来越多的消费者选择"叫外卖"这种便捷的餐饮方式。选择配送到家服务已然成为消费者的消费习惯,在较高效率、较高质量的配送服务下,消费者的地理位置及等待成本在本节中不作为影响消费者购买行为的主要因素,但零售商需承担的配送服务成本与消费者的地理位置有关。此外,考虑到消费者对生活必需品的价格敏感程度较低,且生活类商品的零售价格大多由市场行业价格主导,我们在本节中将商品的零售商价格视为外生变量。

假设市场上仅有垄断零售商 A 坐落在单位直线的原点,以零售价格 p 出售某商品,且要求单笔订单的消费金额达到起送价格 K 才向消费者履行订单配送服务。为了简便,将商品的单位成本视为 0。消费者的位置 x 在单位直线上呈均匀分布,消费者根据对商品的估值及对零售商的偏好程度确定购买数量 q,根据商品零售价格 p 及起送价格 K 决定是否购买 A 的商品。

假设消费者购买数量为 q 的商品可得效用 θvq，其中 v 是消费者对该类商品的估值，θ（$0<\theta\leq 1$）表示消费者对零售商 A 的偏好程度。为了保证商品的市场需求非负，假设消费者对商品的估值 v 充分大且满足 $v\geq 2p$；考虑到消费者对零售商的偏好程度具有异质性，假设其服从 [0，1] 上的均匀分布即 $\theta \sim U[0,1]$。虽然消费者通过购买商品得到效用，但同时也需付出机会成本 $\frac{1}{2}q^2$，且该机会成本随着购买数量单增。因此，根据商品带给消费者的边际效用递减原则，消费者购买数量为 q 的商品所得效用函数为：

$$u(q) = \theta vq - \frac{1}{2}q^2 \qquad (3-8)$$

显然，个人消费者的最优购买数量 $q^* = \theta v$，且消费者对零售商偏好程度的异质性导致个人消费者的最优购买数量各不相同，但与其对零售商的偏好程度成正比。在"到家 O2O"模式下，若个人消费者的订单消费金额超过起送价格 K 即 $p \cdot q^* \geq K$，则零售商对消费者免费提供送货到家服务。那么"到家 O2O"产生的最终消费者剩余 $V_{O2O}(q^*)$ 可表示为：

$$V_{O2O}(q^*) = u(q^*) - p \cdot q^* \qquad (3-9)$$

当且仅当 $V_{O2O}(q^*)$ 非负即 $\theta \geq \frac{2p}{v}$ 时，消费者才会选择购买零售商 A 的商品，且购买数量 $q^* = \theta v$。为了体现零售商在"到家 O2O"模式中设置起送价格的重要性，我们先求出零售商在不设置起送价格时的利润：

$$\Pi_{O2O}^0 = \int_0^1 \int_{\frac{2p}{v}}^1 p \cdot q^* - gx \mathrm{d}\theta \mathrm{d}x = \frac{(v-2p)(vp+2p^2-g)}{2v}$$

$$(3-10)$$

由此可知，在不设置起送价格时，零售商在"到家O2O"模式中盈利的条件是单位配送成本足够低且满足 $g<p(2p+v)$，否则"到家O2O"模式不能给零售商带来非负的利润即 $\Pi_{O2O}<0$。

命题3-4 当零售商的单位配送成本 g 较低且满足 $g<p(2p+v)$ 时，零售商无需设置起送价格或者限制配送范围就能在"到家O2O"模式下盈利。

但是，面对消费者对配送服务的高要求，以及O2O平台基于配送等服务对零售商的佣金抽成，零售商在"到家O2O"中所需承担的单位配送成本极有可能长期居高不下且超过零售商在"到家O2O"模式中盈利的阈值即 $g\geq p(2p+v)$。因此，零售商迫切需要解决在单位配送成本较高的情况下如何在"到家O2O"模式中盈利的问题。

考虑零售商在"到家O2O"模式中设置单笔订单的起送价格为 K，只有消费金额满足 $p \cdot q^* \geq K$ 且 $V_{O2O}(q^*) \geq 0$ 的消费者才会购买零售商 A 的商品。为了保证零售商设置的起送价格 K 对消费者的购买行为产生有效影响，需要起步价格满足 $2p^2 \leq K \leq pv$，因为若 K 过小，则对消费者的购买行为没有影响；而若 K 过大，则没有任何消费者会购买零售商 A 的商品。易知，对零售商 A 的偏好程度满足 $\theta \geq \dfrac{K}{pv}$ 的消费会选择购买其商品。那么零售商的利润为：

$$\Pi_{O2O}^K(K) = \int_0^1 \int_{\frac{K}{pv}}^1 p \cdot q^* - gx\mathrm{d}\theta\mathrm{d}x \qquad (3-11)$$

通过求解优化问题 $\max_K \Pi_{O2O}^K(K)$ 即可确定最优起送价格。

命题3-5 当零售商的单位配送成本 g 且满足 $4p^2 \leq g \leq 2pv$ 时，则零售商可在"到家O2O"模式下设置最优起送价格 $K^* = \dfrac{1}{2}g$，最大化利润 $\Pi_{O2O}^{K*} = \dfrac{(2pv-g)^2}{8pv}$。

命题3-5表明，零售商设置起送价格的条件与单位配送成本 g 的大小有关。在本模型中，零售商 A 坐落在单位线段的原点，距离零售商 A 最远的消费者位于单位线段的另一端点处，因此，模型中的单位配送成本 g 的实际含义表示零售商 A 将商品配送至位置最远的顾客（即 $x=1$）所需的配送成本。当单位配送成本 g 较低不超过$4p^2$时，最优起送价格也不存在，此时零售商无需设置起送价格就能在"到家O2O"模式中盈利；当单位配送成本 g 较高超过 $2pv$ 时，最优起送价格也不存在，零售商无法通过设置起送价格盈利；当单位配送成本 g 的取值满足$4p^2 \leq g \leq 2pv$ 时，零售商可以通过设置最优起步价格提高利润。

下面讨论如果单位配送成本过高，高到设置起送价格仍然无法使零售商在"到家O2O"中盈利，零售商应该怎么办。我们将在 3.4 节讨论零售商的配送范围决策。

3.4　"到家O2O"模式下配送范围决策

当零售商所需承担的单位配送成本过高，高到设置起送价格仍然无法保证其在"到家O2O"中盈利，如图 3-8 所示，限制配送范围是零售商应对单位配送成本过高的常见处理方法。

图 3-8　成都地区"到家O2O"消费者用户手机截图

沿用 3.3 节中的参数设定，我们假设位于单位线段原点的零售商在"到家O2O"模式中限制其配送范围为 r（$0<r\leq 1$），即零售商只对位

- 037 -

于 $[0, r]$ 内的消费者提供配送服务，放弃配送范围以外的消费者。假设零售商设置起送价格 K，当且仅当个人消费者的订单消费金额超过起送价格 K 时，零售商才会向消费者履行订单配送服务。易知，个人消费者的最优购买数量 $q^* = \theta v$，其选择购买商品的条件需满足 $p \cdot q^* \geq K$，$V_{O2O}(q^*) \geq 0$ 且 $0 \leq x \leq r$，则零售商的利润如下：

$$\Pi_{O2O}^{K,r}(K) = \int_0^r \int_{\frac{K}{pv}}^1 p \cdot q^* - gx \mathrm{d}\theta \mathrm{d}x \qquad (3-12)$$

下面尝试以零售商最大化利润为目标联合优化起送价格和配送范围。通过求解优化问题 $\max_{K,r} \Pi_{O2O}^{K,r}(K, r)$ 即可确定最优起送价格和配送范围。

命题 3-6 当零售商的单位配送成本 g 满足 $g \geq \frac{2}{3} pv$ 且消费者对商品的估值充分大并满足 $v \geq 6p$ 时，零售商可在"到家 O2O"模式下设置最优起送价格 $K^* = \frac{1}{3} pv$，以及最优配送范围 $r^* = \frac{2pv}{3g}$，则其最大化利润 $\Pi_{O2O}^{K,r*} = \frac{4p^2 v^2}{27g}$。

命题 3-6 表明，当单位配送成本 g 和消费者对商品的估值 v 都比较高时，零售商可以通过设置起送价格且限制配送范围提高"到家 O2O"业务的利润。在生活服务类商品中，相对非生活必需品，消费者对米粮油等生活必需品的估值较高，但米粮油等商品的体积质量导致其配送成本较高，因此，零售商会考虑设置起送价格并限制配送范围。

在"到家 O2O"模式中，若零售商出售的某类生活服务类商品的零售商价格是市场行业价格，即零售商难于自行调整零售价格，若此时又面临较高的单位配送成本，根据命题 3-4、命题 3-5 和命题 3-6 的结论可知，零售商有三种策略可选择：首先是"零起送价格策略"，即不采取任何与设置起送价格或限制配送范围有关的策略；其次是"设置起送价格策略"，即要求消费者的订单金额达到起送价格 K 才履行订单配送服务；最后是"设置起送价格且限制配送范围策略"，即不仅要求消费者的订单金额达到起送价格 K，而且只对位于配送范围 $[0, r]$ 以内的消费者履行配送服务。

下面将以上三种策略的适用条件以及具体决策内容总结至表 3-1 中。

表 3-1 垄断零售商"到家 O2O"起送价格及配送范围策略

定价策略	适用条件	起送价格	配送范围	利润
零起送价格策略	$g<p(2p+v)$ 且 $v\geq 2p$	无	[0, 1]	$\Pi_{O2O}^{0} = \dfrac{(v-2p)(vp+p^2-g)}{2v}$
设置起送价格策略	$4p^2 \leq g \leq 2pv$ 且 $v \geq 2p$	$K^* = \dfrac{1}{2}g$	[0, 1]	$\Pi_{O2O}^{K} {}^* = \dfrac{(2pv-g)^2}{8pv}$
设置起送价格且限制配送范围策略	$g \geq \dfrac{2}{3}pv$ 且 $v \geq 6p$	$K^* = \dfrac{1}{3}pv$	$[0, r^*]$, $r^* = \dfrac{2pv}{3g}$	$\Pi_{O2O}^{K,r} {}^* = \dfrac{4p^2v^2}{27g}$

表 3-1 详细罗列了各种策略的适用条件，表明各适用条件皆用两个维度刻画：零售商需承担的单位配送成本 g 和消费者对商品的估值 v。需要注意的是，因为"零起送价格策略"、"设置起送价格策略"以及"设置起送价格且限制配送范围策略"三种策略的适用条件存在交集，所以需要进一步在各交集中帮助零售商确定哪个策略是占优策略。

命题 3-7 "到家 O2O"模式下，在"零起送价格策略"、"设置起送价格策略"以及"设置起送价格且限制配送范围策略"三种策略适用条件的交集内，$\Pi_{O2O}^{K,r} {}^* \geq \Pi_{O2O}^{K} {}^* \geq \Pi_{O2O}^{0}$ 恒成立。即零售商应该按照"设置起送价格且限制配送范围策略""设置起送价格策略""零起送价格策略"的优先次序选择策略。

由命题 3-6 可知，零售商应该根据其单位配送成本 g 和消费者对商品的估值 v 的具体取值情况选择相应的策略，若条件允许多个策略同时成为选项，则"设置起送价格且限制配送范围策略"为零售商带来的盈利水平最高，"设置起送价格策略"的盈利水平其次，"零起送价格策略"的盈利水平最低。

为了突显 3.3 节和 3.4 节的研究结论为零售商提供的实践指导意义，基于零售商需承担的单位配送成本 g 和消费者对商品的估值 v 两个维度，我们绘制出零售商"到家 O2O"策略选择导向图，如图 3-9 所示。

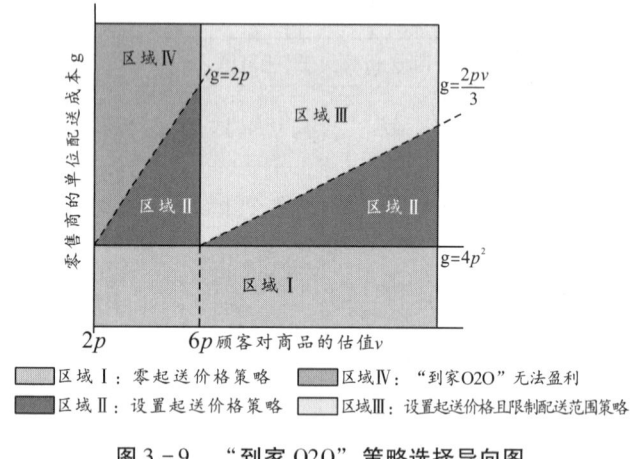

图 3-9 "到家 O2O"策略选择导向图

在图 3-9 中，分别以消费者对商品估值 v 和单位配送成本 g 为平面直角坐标系的横、纵轴，零售商可根据 (g,v) 的具体取值对应区域的建议进行策略选择。例如，当 (g,v) 的取值位于区域 I 内时，零售商承担的单位配送成本 g 足够低，"设置起送价格策略"以及"设置起送价格且限制配送范围策略"在该情况下的最优解都不存在，所以建议零售商采取"零起送价格策略"；当 (g,v) 的取值位于区域 II 内时，因为"设置起送价格且限制配送范围策略"的最优解不存在，根据命题 3-7 结论中的优先选择次序，零售商应该选择"设置起送价格策略"；当 (g,v) 的取值位于区域 III 内时，零售商承担的单位配送成本 g 较高，但是消费者对商品估值 v 也较高，多种策略可作为零售商的选择项，根据命题 3-7 提出的优先选择次序，建议零售商采取"设置起送价格且限制配送范围策略"；最后，在区域 IV 中，零售商承担的单位

配送成本 g 较高，但是消费者对商品估值 v 却较低，这种情况下任何策略都无法使零售商通过"到家O2O"模式盈利，所以建议零售商放弃"到家O2O"模式。

接下来，我们对"设置起送价格策略"以及"设置起送价格且限制配送范围策略"中的起送价格做进一步的对比。对比结果见命题3-8。

命题3-8 "到家O2O"模式下，零售商在"设置起送价格策略"中的起送价格始终高于其在"设置起送价格且限制配送范围策略"中的起送价格。

与"设置起送价格策略"只设置起送价格相比，零售商在"设置起送价格且限制配送范围策略"中增加了配送范围限制，结果表明零售商在"到家O2O"中限制配送范围可以降低其对消费者订单起送价格的要求，且提高利润。

推论3-5 "到家O2O"模式下，(1) 零售商在"设置起送价格策略"中的最优起送价格与单位配送成本成正比；(2) 零售商在"设置起送价格且限制配送范围策略"中的最优起送价格与单位配送成本无关，而与消费者对商品的估值及商品零售价格成正比；(3) 零售商在"设置起送价格且限制配送范围策略"中的最优配送范围与其单位配送成本成反比，而与消费者对商品的估值及商品零售价格成正比。

综上，我们考虑消费者对商品的估值具有异质性，分别讨论了垄断零售商在"到家O2O"模式中的起送价格以及配送范围问题。提出三种策略："零起送价格策略"、"设置起送价格策略"以及"设置起送价格且限制配送范围策略"，且详细讨论各策略中的具体决策及各策略的适用条件。通过对各策略的适用条件及盈利水平进一步对比，对零售商如何选择占优策略提出了具体建议。

3.5 模型扩展尝试

3.5.1 线上线下服务成本差异因素

零售商基于线下门店提供服务时，服务成本主要来源于场地、装修和员工。门店的地理位置直接关系到零售商的收益，零售巨头（如沃尔玛、家乐福）会选择入驻城市商圈，商圈保证了门店的人流量和交通便利性，但为了进行客户导流零售商还需花费时间和金钱对门店进行设计装修，门店高昂的租金和装修费用大大提升了零售商提供线下服务的成本。进行线下服务时，服务质量直接决定了门店的客户转换率，为了提升客户体验，门店还需招聘大量服务人员，服务人员的培训和薪酬也是零售商提供线下服务的固定成本。基于门店提供服务时，即使没有消费者购买商品，零售商也必须要承担租赁场地、装修门店和招聘员工带来的成本。

零售商基于线上渠道提供"到家O2O"服务时，服务成本主要由O2O平台抽佣和配送服务成本组成。同时零售商需要承担的配送成本为变动成本，没有消费者购买商品时，零售商不需要付出配送成本。

"到家O2O"的轻成本结构优势吸引了一大批零售商加入。传统餐饮品牌以及连锁便利店、超市等本地服务零售企业加入"到家O2O"，给一直以来野蛮生长的"到家O2O"市场带来巨大冲击。"到家O2O"市场的应用主要集中在服务型领域，包括餐饮、生鲜、医药、家政、教育、快消品等，零售商间产品同质化很严重，价格竞争非常激烈，所以零售商的盈利水平也很难得到保证。有别于传统零售市场需求主要受价格因素影响，"到家O2O"模式的市场需求还受到订单配送价格、起送价格、配送范围等因素影响。因此制定合理的零售价格、订单配送、起送价格以及配送范围决策是提高本地生活服务类企业"到家O2O"盈利水平的主要手段。零售商在"到家O2O"模式下如何选择策略，如何制定各策略下的最优零售价格、订单配送、起送价格以及配送范围决策；如何根据盈利条件对各策略进行组合，是生活服务类企业实现利润最大化需要考虑的问题。可见对生活服务类企业"到家O2O"决策以及盈利条件的研究具有一定的必要性。

3.5.2 基于零售商线上线下服务成本差异的扩展模型

在前文模型参数的基础上，进一步假设零售商向消费者提供线下服务的单位成本为 s，向消费者提供线上服务的单位成本为 $(1-\alpha)s$，其中 α 为零售商的线上线下服务成本差异系数且 $0<\alpha\leq 1$，α 越大，线上线下服务成本差异越大，线上服务成本越低。

与3.1节的模型相似，可得零售商在传统零售模式下的利润函数为：

$$\Pi(p) = \int_0^{\frac{v\theta}{2t}(\theta v-2p)} (p-s) q^* \mathrm{d}x \quad (3-13)$$

容易得到零售商在传统模式下的最优零售价格为 $p^* = \dfrac{\theta v+2s}{4}$，最大化利润为 $\Pi^* = \dfrac{(\theta v-2s)^2 \theta^2 v^2}{16t}$。

与3.2.1节的模型相似，我们尝试建立零售商联合优化商品零售价格及订单配送费的模型，可得零售商的利润函数如下：

$$\Pi_{O2O}(p,c) = \int_0^{\frac{c}{t-w}} (p-s)\cdot q^* \mathrm{d}x + \int_{\frac{c}{t-w}}^{\frac{\theta^2 v^2-2p\theta v-2c}{2w}} \{[p-(1-\alpha)s]\cdot q^* + c - gx\}\mathrm{d}x$$

$$(3-14)$$

通过求解联合优化问题 $\max_{p,c} \Pi_{O2O}(p,c)$ 即可确定最优零售价格和最优配送费。

命题3-9 零售商采取"到家O2O"模式时，其最优零售价格为 $p_{O2O}^* = \dfrac{\theta v(w+g)+2(1-\alpha)sw}{2(2w+g)}$，单笔订单的最优配送费为 $c^*=0$，

最大化利润为 $\Pi_{O2O}^{1}{}^{*} = \dfrac{\theta^{2}v^{2}(\theta v-2)(1-\alpha)^{2}s^{2}}{8(2w+g)}$。

推论 3-6 与传统零售模式相比：(1) 当服务成本差异系数 $\alpha > \dfrac{g(\theta v-2s)}{4sw}$ 时，零售商在"到家 O2O"模式中降低了商品价格 $p^{*} > p_{O2O}^{*}$，当服务成本差异系数 $\alpha \leqslant \dfrac{g(\theta v-2s)}{4sw}$ 时，零售商在"到家 O2O"模式中提高了商品价格 $p^{*} \leqslant p_{O2O}^{*}$；(2) 且向消费者提供了免费的送货到家、服务到家的配送服务，即 $c^{*}=0$；(3) 一定获得更高利润，即 $\Pi_{O2O}^{1}{}^{*} > \Pi^{*}$ 恒成立。

给定消费者对零售商 A 的偏好程度 $\theta=0.8$，消费者对该类商品的估值 $v=1$，消费者的单位交通成本 $t=0.2$，消费者的单位等待成本 $w=0.08$，零售商的单位配送成本为 $g=0.2$，配送费 $c=0$，可得图 3-10 售商在传统零售模式和"到家 O2O"模式下的价格比较。

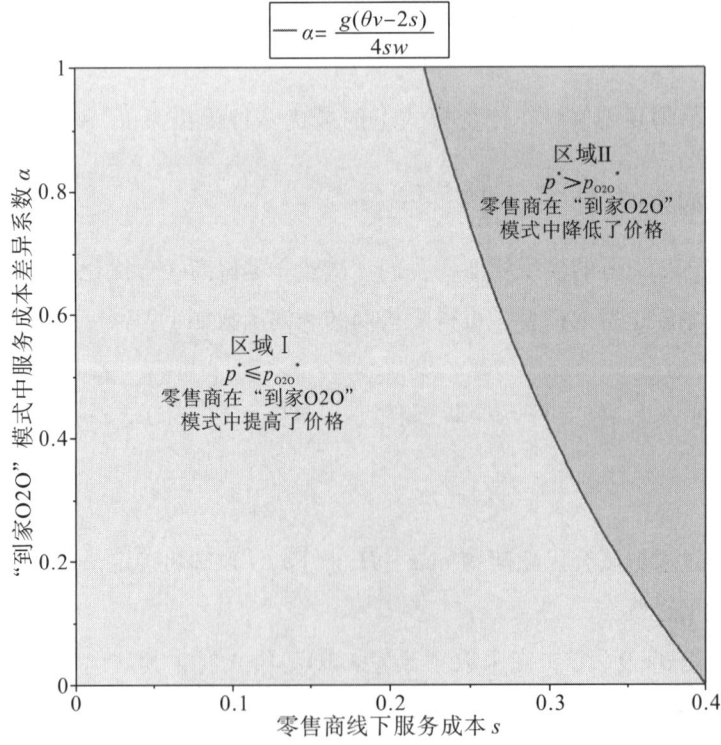

图 3-10 零售商在传统零售模式和"到家 O2O"模式下的价格比较

沿用上述参数值，继续给定零售商的线下服务成本 $s=0.3$ 且"到家 O2O"模式下的服务成本系数分别为 $\alpha=0.3$，$\alpha=0.45$。在图 3-11 中绘制出零售商分别在传统零售模式和"到家 O2O"模式下的利润。

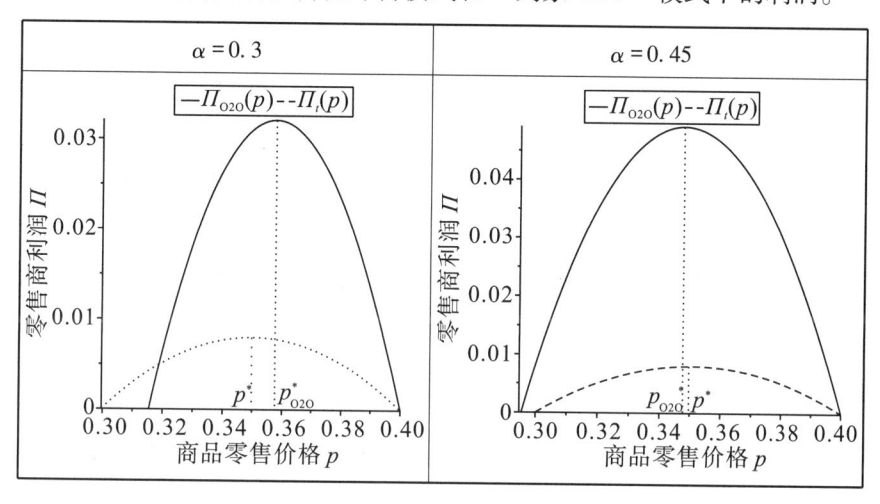

图 3-11　传统零售模式和"到家 O2O"模式下的利润比较

如图 3-11 所示，消费者对零售商的偏好程度具有同质性，当线上线下服务成本差异较小时，垄断零售商可以通过"提高零售价格、免费配送"的方式在"到家 O2O"模式下获得更高利润；当线上线下服务成本差异较大时，垄断零售商在"到家 O2O"模式中获得提供免费配送服务的同时降低了零售价格，其主要通过扩张市场来增加利润。

与 3.2.2 节相似，可建立零售商只优化订单配送费的模型，则零售商 A 在"到家 O2O"模式下的利润函数为：

$$\Pi_{O2O}(c) = \int_{0}^{\frac{c}{t-w}} (p^* - s) \cdot q^* \mathrm{d}x + \int_{\frac{c}{t-w}}^{\frac{\theta 2v2-2p^*\theta v-2c}{2w}} \{[p^* - (1-\alpha)s] \cdot q^* + c - gx\} \mathrm{d}x \quad (3-15)$$

通过求解优化问题 $\max_c \Pi_{O2O}(c)$ 即可确定最优配送费。

命题 3-10　当服务成本差异系数 α 满足 $\alpha < \dfrac{g(\theta v-2s)(t-w)}{4stw}$

时，若零售商在"到家O2O"模式下始终保持传统零售模式下的零售价格p^*不变，则单笔订单的最优配送费为：

$$c^* = \frac{\theta v(t-w)[g(\theta v - 2s)(t-w) - 4\alpha stw]}{4t[g(t-2w) + 2w(t-w)]},$$

最大化利润为：

$$\Pi_{O2O}^{2}{}^* = \frac{4s(4\alpha^2 s t^2 - g^2\theta v) + [g(g-2t) + 4t(t-w)](\theta^2 v^2 + 4s^2) + 8st(g-2t+2w)(\theta v - \alpha\theta v + 2\alpha s)}{32t[g(t-2w) + 2w(t-w)]}。$$

推论 3-7 在服务成本差异系数 α 满足 $\alpha < \frac{g(\theta v - 2s)(t-w)}{4stw}$ 的条件下，

（1）在"到家O2O"模式中零售商有两种定价策略可选择。定价策略（a）：提高零售价格、免费配送策略，即将商品零售价格提高至 $p_{O2O}^* = \frac{\theta v(w+g) + 2(1-\alpha)sw}{2(2w+g)}$，配送费为 $c^* = 0$；定价策略（b）：零售价格不变、收费配送策略，即商品零售价格保持 $p^* = \frac{\theta v + 2s}{4}$ 不变，收取配送费 $c^* = \frac{\theta v(t-w)[g(\theta v - 2s)(t-w) - 4\alpha stw]}{4t[g(t-2w) + 2w(t-w)]}$；（2）定价策略（a）为零售商带来的利润始终高于定价策略（b），即 $\Pi_{O2O}^{1}{}^* > \Pi_{O2O}^{2}{}^*$ 恒成立。

推论 3-7 表明，当零售商线上线下服务成本差异较小时，"提高零售价格、免费配送策略"与"零售价格不变、收费配送策略"相比始终是零售商的占优策略。

给定消费者对零售商 A 的偏好程度 $\theta = 0.8$，消费者对该类商品的估值 $v = 1$，消费者的单位交通成本 $t = 0.2$，消费者的单位等待成本 $w = 0.05$，零售商单位配送成本 $g = 0.2$，零售商线下服务成本 $s = 0.25$，零售商线上服务成本系数 $\alpha = 0.6$，则零售商在"到家O2O"模式下分别选择定价策略（a）、（b），可得图 3-12。

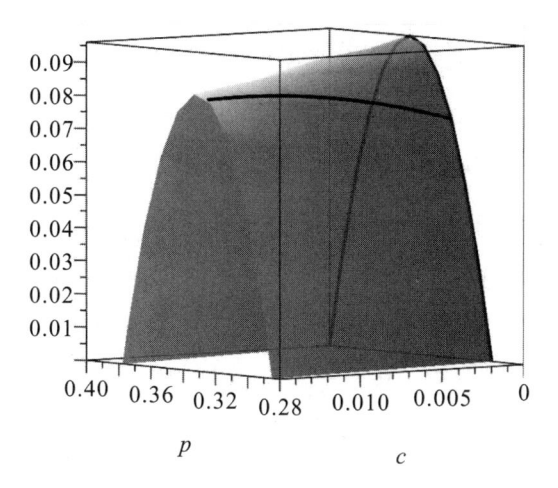

图 3-12 定价策略（a）与定价策略（b）利润比较

如图 3-12，Π_{O2O}^{1*} 和 Π_{O2O}^{2*} 分别表示零售商选择定价策略（a）和（b）时的最大化利润。可见 $\Pi_{O2O}^{1*} > \Pi_{O2O}^{2*}$ 恒成立，因此与"零售价不变、收费配送策略"相比，"提高零售价、免配送策略"始终是垄断零售商的占优定价策略。

值得注意的是，上述讨论基于单位配送成本满足 $g<2(t-w)$ 时进行，若单位配送成本 g 较高至超过 $2(t-w)$，则以上两种定价策略的最优解均不存在，那么零售商无法利用与零售价格或者配送费相关的策略提高在"到家 O2O"模式下的利润。

为了体现零售商在"到家 O2O"模式中设置起送价格的重要性，我们先求出零售商在不设置起送价格时的利润：

$$\Pi_{O2O}^{0} = \int_{0}^{1}\int_{\frac{2p}{v}}^{1}\{[p-(1-\alpha)s]\cdot q^{*}-gx\}\mathrm{d}\theta\mathrm{d}x = \frac{(v-2p)[(2p+v)(p-s+\alpha s)-g]}{2v}$$

(3-16)

可知在不设置起送价格时，服务成本差异较大满足 $\alpha > 1 - \dfrac{2p^{2}+pv-g}{s(2p+v)}$ 即线上服务成本较低是零售商在"到家 O2O"模式中的盈利条件，否则"到家 O2O"模式不能给零售商带来利润，即 $\Pi_{O2O}^{0} \leq 0$。

- 047 -

命题 3-11 当服务成本差异较大满足 $\alpha > 1 - \dfrac{2p^2 + pv - g}{s(2p+v)}$，零售商的线上服务成本较低时，零售商无需设置起送价格或者限制配送范围即可在"到家O2O"模式下盈利。

但是，面对消费者对到家服务的高要求，以及O2O平台对零售商的佣金抽成，零售商在"到家O2O"中所需承担的线上服务成本上涨，线上线下的服务成本差异减小极有可能超过零售商在"到家O2O"模式中盈利的阈值即 $\alpha > 1 - \dfrac{2p^2 + pv - g}{s(2p+v)}$。因此零售商迫切需要解决在服务成本差异较小即线上服务成本较高的情况下如何在"到家O2O"模式中盈利的问题。

考虑零售商在"到家O2O"模式中设置单笔订单的起送价格为 K，与3.3节相似，建立零售商优化起送价格的模型。可得零售商的利润为：

$$\Pi_{O2O}^K(K) = \int_0^1 \int_{\frac{K}{pv}}^1 \{[p - (1-\alpha)s] \cdot q^* - gx\} \mathrm{d}\theta \mathrm{d}x \quad (3-17)$$

通过求解优化问题 $\max_K \Pi_{O2O}^K(K)$ 即可确定最优起送价格。

命题 3-12 当零售商的服务成本差异 α 满足 $\dfrac{2sv + g - 2pv}{2sv} \leqslant \alpha \leqslant \dfrac{4ps + g - 4p^2}{4ps}$ 时，则零售商可在"到家O2O"模式下设置最优起送价格为 $K^* = \dfrac{pg}{2(p-s+\alpha s)}$，最大化利润为 $\Pi_{O2O}^{K*} = \dfrac{[2v(\alpha s + p - s) - g]^2}{8(p - s + \alpha s)v}$。

命题3-12表明，零售商设置起送价格的条件与服务成本差异系数的大小有关。在本模型中，服务成本差异系数越大，零售商的线上线下服务成本差异越大，线上服务成本越低。当服务成本差异系数较大超过 $\dfrac{4ps + g - 4p^2}{4ps}$ 时，零售商的线上服务成本很低，此时零售商无需设置起送价格就能在"到家O2O"模式中盈利；当服务成本差异系数较小不

超过 $\frac{2sv+g-2pv}{2sv}$ 时，零售商的线上服务成本较高，零售商无法通过设置起送价格盈利；当服务成本差异系数满足 $\frac{2sv+g-2pv}{2sv} \leq \alpha \leq \frac{4ps+g-4p^2}{4ps}$ 时，零售商可以通过设置最优起送价格来提高利润。

与 3.4 节相似，建立零售商优化配送范围的模型。可得零售商的利润为：

$$\Pi_{O2O}^{K,r}(K,r) = \int_0^r \int_{\frac{K}{pv}}^1 \{[p-(1-\alpha)s] \cdot q^* - gx\} \mathrm{d}\theta \mathrm{d}x \quad (3-18)$$

下面尝试以零售商利润最大化为目标联合优化起送价格和配送范围。通过求解优化问题 $\max_{K,r} \Pi_{O2O}^{K,r}(K, r)$，即可确定最优起送价格和配送范围。

命题 3-13 当零售商的服务成本差异系数 α 满足 $\alpha < 1 - \frac{2pv-3g}{2sv}$ 且消费者对商品的估值充分大即满足 $v \geq 6p$ 时，则零售商可在"到家O2O"模式下设置最优起送价格为 $K^* = \frac{1}{3}pv$，以及最优配送范围 $r^* = \frac{2v(p+\alpha s-s)}{3g}$，其最大化利润为 $\Pi_{O2O}^{K,r*} = \frac{4v^2(p+\alpha s-s)^2}{27g}$。

命题 3-13 表明，当零售商的服务成本差异 α 较小且消费者对商品的估值 v 较高时，零售商可以通过设置起送价格且限制配送范围提高"到家O2O"业务的利润。在生活服务类商品中，相对非生活必需品，消费者对米粮油等生活必需品的估值较高，但基于米粮油等商品体积重量的原因，其线上服务成本也较高，因此零售商可考虑设置起送价格且限制配送范围。

在"到家O2O"模式中，若零售商出售的某类生活服务类商品的零售商价格是市场行业价格，即零售商难于自行调整零售价格，此时若又面临较高的线上服务成本，根据命题 3-11、命题 3-12 和命题

3-13 的结论可知零售商有三种策略可选择：首先是"零起送价格策略"，即不采取任何与设置起送价格或限制配送范围有关的策略；其次是"设置起送价格策略"，即要求消费者的订单金额达到起送价格 K 才履行订单配送服务；最后是"设置起送价格且限制配送范围策略"，即不仅要求消费者的订单金额达到起送价格 K，而且只对位于配送范围 $[0, r]$ 以内的消费者履行配送服务。

下面将以上三种策略的适用条件以及具体决策内容总结至表 3-2 中。

表3-2 垄断零售商"到家O2O"起送价格及配送范围策略

定价策略	适用条件	起送价格	配送范围	利润
零起送价格策略	$\alpha > \dfrac{4ps+g-4p^2}{4ps}$ 且 $v \geq 2p$	无	$[0, 1]$	$\Pi_{O2O}^{0} = (v-2p)\dfrac{[(2p+v)(p-s+\alpha s)-g]}{2v}$
设置起送价格策略	$\dfrac{2sv+g-2pv}{2sv} \leq \alpha \leq \dfrac{4ps+g-4p^2}{4ps}$ 且 $v \geq 2p$	$K^* = \dfrac{pg}{2(p-s+\alpha s)}$	$[0, 1]$	$\Pi_{O2O}^{K*} = \dfrac{[2v(\alpha s+p-s)-g]^2}{8(p-s+\alpha s)}v$
设置起送价格且限制配送范围策略	$\alpha < \dfrac{2sv-2pv+3g}{2sv}$ 且 $v \geq 6p$	$K^* = \dfrac{1}{3}pv$	$[0, r^*]$ $r^* = \dfrac{2v(p-s+\alpha s)}{3g}$	$\Pi_{O2O}^{K,r*} = \dfrac{4v^2(p-s+\alpha s)^2}{27g}$

表 3-2 详细罗列了各种策略的适用条件，表明各适用条件皆用两个维度刻画：服务成本差异系数 α 和消费者对商品的估值 v。需要注意的是"零起送价格策略"、"设置起送价格策略"以及"设置起送价格且限制配送范围策略"三种策略的适用条件存在交集，所以需要进一步在各交集中帮助零售商确定哪个策略是占优策略。

命题 3-13 "到家 O2O"模式下，在"零起送价格策略"、"设置起送价格策略"以及"设置起送价格且限制配送范围策略"三种策略适用条件的交集内，$\Pi_{O2O}^{K,r*} \geq \Pi_{O2O}^{K*} \geq \Pi_{O2O}^{0}$ 恒成立。即零售商应按照"设置起送价格且限制配送范围策略""设置起送价格策略""零起送价格策略"的优先次序选择策略。

由命题 3-13 可知，零售商应该根据服务成本差异系数 α 和消费者对商品的估值 v 的具体取值情况选择相应的策略，若条件允许多个策略同时成为选项，则"设置起送价格且限制配送范围策略"为零售商带来的盈利水平最高，"设置起送价格策略"的盈利水平其次，"零起送价格策略"的盈利水平最低。

为了突显 3.5 节研究结论为零售商提供的实践指导意义，基于零售商需承担的服务成本差异系数 α 和消费者对商品的估值 v 两个维度，我们绘制出零售商"到家 O2O"策略选择导向图，如图 3-13。

第3章 垄断零售商"到家O2O"决策

图中图例：
- $\alpha = \dfrac{2sv+g-2pv}{2sv}$
- $\alpha = \dfrac{4ps+g-4p^2}{4ps}$
- 区域Ⅰ：设置起送价格且限制配送范围策略
- 区域Ⅱ："到家O2O"无法盈利
- 区域Ⅲ：设置起送价格策略
- 区域Ⅳ：零起送价格策略

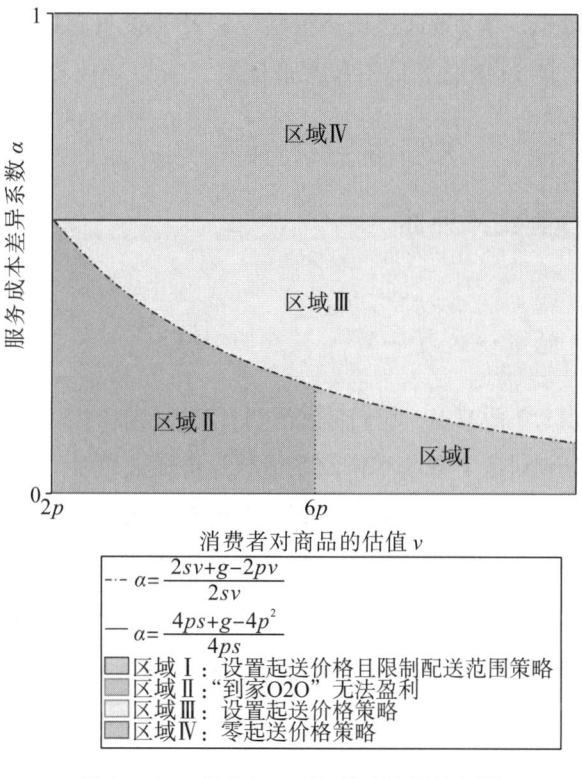

图3-13 "到家O2O"策略选择导向图

如图3-13所示，在分别以消费者对商品估值v和服务成本差异系数α为横、纵轴的平面直角坐标系中，零售商可根据(α,v)的具体取值对应区域的建议进行策略选择。例如当(α,v)的取值位于区域Ⅰ内时，零售商承担的线上服务成本较高，但是消费者对商品估值v也较高，多种策略可作为零售商的选择项，根据命题3-7的结论，建议零售商采取"设置起送价格且限制配送范围策略"；当(α,v)的取值位于区域Ⅱ内时，零售商承担的线上服务成本较高，但是消费者对商品估值v却较低，这种情况下任何策略都无法使零售商通过"到家O2O"模式盈利，所以建议零售商放弃"到家O2O"模式；当(α,v)的取值位于区域Ⅲ内时，根据命题3-7结论中的优先选择次序，零售商应该选择"设置起送价格策略"；最后，在区域Ⅳ中，零售商承担的线上服务成本足够低,"设置起送价格策略"以及"设置起送价格且限制配送范围策略"在该情况下均不存在最优解,所以建议零售商采取"零起送价格策略"。

3.6 模型结果评述

3.6.1 结果评述（一）

在3.1和3.2两节中,我们考虑消费者对零售商的偏好程度具有同质性的情形,分别讨论了垄断零售商在传统零售模式以及"到家O2O"模式中的定价问题。发现零售商在"到家O2O"模式中可选择"提高零售价、免配送费"和"零售价不变、收费配送"两种定价策略,提出当单位配送成本较低时,"提高零售价、免配送费"是零售商的占优策略。

通过调研四川省生活服务类企业在O2O平台上的零售价格、配送信息,如图3-14所示,"提高零售价、免配送费策略"的确是众多商家采取的价格策略。

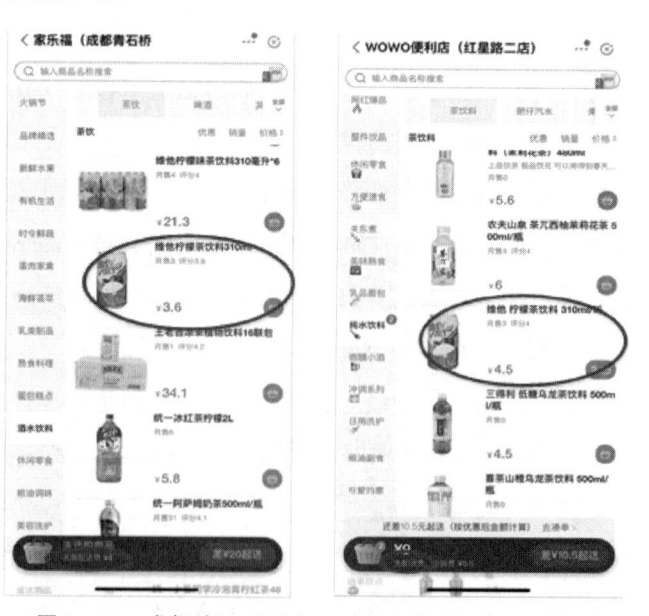

图3-14 成都地区"到家O2O"消费者用户手机截图

随着 O2O 的发展，零售商的配送服务效率逐步得到提高，消费者在"到家 O2O"模式中的体验感愈加良好，以上模型中考虑的"与消费者距商家的距离成正比的等待成本"对消费者购买行为的影响逐渐减弱。另一方面，随着城市生活节奏的加快，除交通成本以外，消费者自行前往零售商购买商品所需的时间成本、精神成本越来越高，如果"到家 O2O"服务只收取较低的配送费甚至免配送费，那么消费者距商家的距离因素对消费者在"到家 O2O"模式下的购买行为影响将逐渐减弱甚至消失。我们的模型结果显示，如果零售商在"到家 O2O"模式中采取"提高零售价、免配送费策略"，那么将没有消费者选择自行前往零售商处购买商品，即使距离零售商非常近的消费者也会选择接受"到家 O2O"服务。随着餐饮外卖企业不断拓展服务场景、提升服务品质和频次，高频消费的餐饮外卖成为生活服务行业生态布局不可缺失的一环。选择配送到家服务已然成为消费者的消费习惯，在较高效率、较高质量的配送服务下，距零售商的距离将不再是影响消费者 O2O 购买行为的主要因素。

此外，以上模型结果成立的前提条件是零售商所承担的单位配送成本足够低，但是"到家 O2O"的发展需要配套更高效率、更高水平的配送服务。在配送服务的基础建设投入产生规模效益之前，高效率、高水平的配送服务无法避免不菲的成本，那么零售商在"到家 O2O"模式中应如何应对？基于对"到家 O2O"市场的进一步调研，面临无法忽视的配送成本，我们需要继续建立模型研究零售商如何通过设置起送价格、限制配送范围等手段提高利润。

3.6.2 结果评述（二）

在 3.3 和 3.4 两节中，我们在考虑消费者对零售商的偏好程度具有异质性的情形下分别讨论了垄断零售商在"到家 O2O"模式中的起送价格以及配送范围问题。提出三种策略："零起送价格策略"、"设置起送价格策略"以及"设置起送价格且限制配送范围策略"，且详细讨论各策略中的具体决策及各策略的适用条件。

通过调研四川省生活服务类企业在 O2O 平台上的起送价格、配送范围信息，如图 3-15 所示，"零起送价格策略"、"设置起送价格策略"或"设置起送价格且限制配送范围策略"的确是众多商家采取的策略。说明我们的研究对象切合实际市场环境，关于零售商如何选择最佳策略的研究结果具有较强的实践指导意义。

图 3-15 成都地区"到家 O2O"消费者用户手机截图

研究结果显示，各策略的适用条件不尽相同，需要基于零售商需承担的单位配送成本和消费者对商品的估值两个维度加以区分。为了便于指导零售商快速准确的选择最佳策略，我们绘制了"到家 O2O"策略选择导向图（图 3-9），建议零售商根据单位配送成本和消费者对商品的估值的具体取值情况选择对应策略。根据图 3-9，若单位配送成本足够低，那么无论消费者对商品的估值的具体情况如何，零售商都应选择"零起送价格策略"；若单位配送成本较高且消费者对商品的估值也较高，则建议零售商选择"设置起送价格且限制配送范围策略"；若单位配送成本较高但消费者对商品的估值较低，则建议零售商退出"到家

O2O"模式，因其无法盈利；其他情况，建议零售商选择"设置起送价格策略"。

3.6.3 结果评述（三）

在 3.5 节中，基于零售商线上线上服务成本差异对 3.1~3.4 节的模型进行了扩展。深入分析线上线下服务成本差异对垄断零售商最优决策的影响。通过对各策略的适用条件及盈利水平进一步对比，对零售商如何选择占优策略提出了具体建议。

3.6.4 评述小结

本章评述小结可总结为图 3-16。

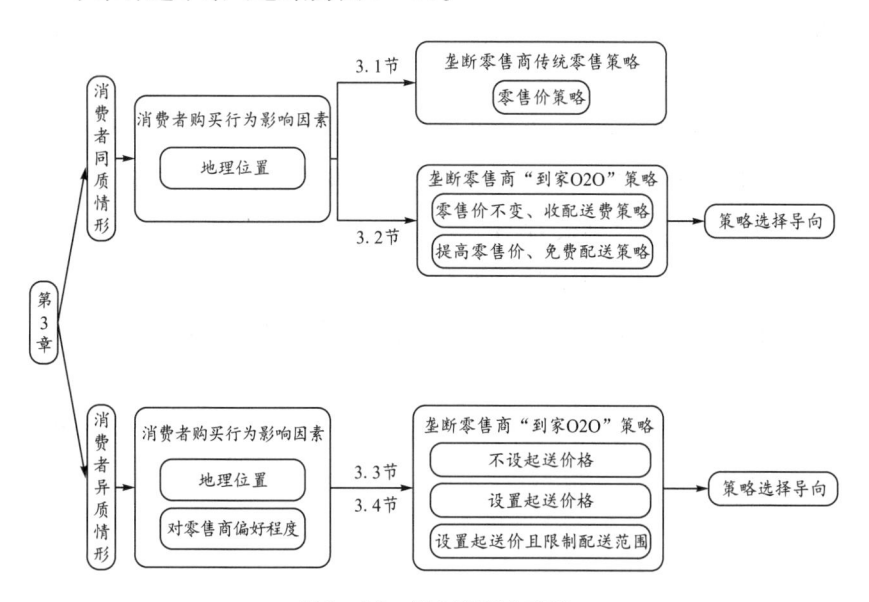

图 3-16 第 3 章研究路线

如图 3-16 所示，我们在 3.1 和 3.2 两节中考虑消费者对零售商的偏好程度具有同质性的情况，将消费者的地理位置视为影响其购买行为的主要因素，分别研究零售商在传统零售模式和"到家 O2O"模式下的零售价格决策以及配送费决策。以零售商在传统零售模式下的零售价

- 057 -

格为基准,提出零售商在"到家O2O"模式下的两种策略:"提高零售价、免配送费策略"和"零售价不变、收费配送策略"。研究结论表明,当单位配送成本较低时,"提高零售价、免配送策略"是零售商的占优策略。

与3.1和3.2节中的模型相比,3.3和3.4节中的模型放松了消费者对零售商的偏好程度具有同质性的限制,将消费者的地理位置、对零售商的偏好程度同时作为影响其购买行为的主要因素,具体研究了零售商在"到家O2O"中的起送价格决策以及配送范围决策。提出零售商可选择三种策略:"零起送价格策略"、"设置起送价格策略"和"设置起送价格且限制配送范围策略",对零售商如何选择占优策略提出了具体的导向建议。结合企业在商业实践中的具体情况,也可以在模型中融入更多影响因素,如3.5节基于零售商线上线下服务成本差异这一影响因素,对模型进行扩展。

随着"到家O2O"行业的发展,越来越多的消费者尝试参与该商业模式并逐渐养成消费习惯。与此同时,越来越多的零售商也不断涌入,同类零售商在"到家O2O"中的竞争也日益激烈,所以如何在竞争环境下制定"到家O2O"决策是零售商们迫切需要解决的问题。我们将在第4章中深入研究竞争零售商的"到家O2O"决策。

| 第 4 章 |

竞争零售商"到家 O2O"决策

本章将以第 3 章的研究思路为基础，进一步研究竞争零售商（以下简称"零售商"）的"到家 O2O"策略。与众多在对称环境下研究零售商的竞争模型不同，本书旨在探索零售商在非对称竞争环境下关于价格的各种博弈问题。为了更加切合实际竞争环境，本节考虑因企业品牌、商品质量、企业文化等多方面原因导致消费者对零售商的偏好程度有所区别，从而影响消费者在零售商处购买数量的问题。

▶ 4.1 传统零售模式下零售价格决策

传统零售商模式下，消费者需自行承担交通成本前往零售商处购买商品，零售商并不提供"送货到家"等服务。假设市场上仅有竞争零售商 A 和 B 坐落在单位线段的两端，分别以零售价格 p_{A_t} 和 p_{B_t} 出售某可替代的商品。为了简便，将商品的单位成本视为 0。首先，消费者根据对商品的估值 v 及对零售商 i（$i=A$，B）的偏好程度 θ_i 确定其购买数量 q_i。为了更加切合实际竞争环境，本节考虑消费者对两零售商的偏好程度 θ_i 不对称，假设 $\theta_A = \theta$，$\theta_B = \delta \cdot \theta$，其中 δ 为消费者对零售商 B 的偏好程度系数，且 $0 < \theta \leq 1$ 及 $0 < \delta \leq 1$。显然消费者对零售商 A 的偏好程度高于对零售商 B 的偏好程度，所以零售商 A 和 B 分别处于竞争优、劣势。其次，个人消费者的实时地理位置 x 在单位直线上呈均匀分布，消费者根据商品零售价格 p_{A_t} [或 p_{B_t}]，以及前往零售商 A（或 B）处购买商品的交通成本 tx [或 $t(1-x)$] 最终决定是否购买 A（或 B）的商品，其中 t 是消费者的单位交通成本，交通成本与消费者距零售商的距离成正比。因为单位交通成本是影响消费者购买行为的重要因素，所以我们进一步假设 t 充分大且满足 $t \geq \frac{1}{4}\theta^2 v^2 (1+\delta^2)$ 以保证其对购买行为产生有效的影响。此外在 $t \geq \frac{1}{4}\theta^2 v^2 (1+\delta^2)$ 条件下，两零售商在传统零售模式中无法瓜分整个市场，从而存在动机引入"到家 O2O"

- 061 -

模式拓展新市场。

假设消费者在零售商 i（i = A，B）处购买数量为 q_i 的商品可得效用 $\theta_i v q_i$，其中 v 是消费者对该类商品的估值，θ_i（$0 < \theta_i \leq 1$）表示消费者对零售商 i 的平均偏好程度；虽然消费者通过购买商品得到效用但同时也需付出机会成本 $\frac{1}{2}q_i^2$，且该机会成本随着购买数量单增。因此，根据商品带给消费者的边际效用递减原则，消费者在零售商 i 处购买数量为 q_i 的商品所得效用函数分别为：

$$u_A(q_A) = \theta_A v q_A - \frac{1}{2}q_A^2 \qquad (4-1)$$

$$u_B(q_B) = \theta_B v q_B - \frac{1}{2}q_B^2 \qquad (4-2)$$

显然消费者的最优购买数量为 $q_i^* = \theta_i v$，则前往零售商 i 处以零售价 p_{i_t} 购买 q_i^* 数量的商品带来的最终消费者剩余如下：

$$V_A(q_A^*) = u_A(q_A^*) - p_{A_t} \cdot q_A^* - tx \qquad (4-3)$$

$$V_B(q_B^*) = u_B(q_B^*) - p_{B_t} \cdot q_B^* - t(1-x) \qquad (4-4)$$

当最终消费者剩余非负，即当 $x \leq x_A$ 时，消费者会选择购买零售商 A 的商品；当 $x \geq x_B$ 时，消费者会选择购买零售商 B 的商品，当 $x_A < x < x_B$ 时，消费者不会购买任何商品。如图 4-1，其中：

$$x_A = \frac{\theta^2 v^2 - 2v\theta p_{A_t}}{2t},$$

$$x_B = \frac{2t + 2\delta p_{B_t} v\theta - \delta^2 \theta^2 v^2}{2t}。$$

A	购买零售商A的商品	不买	购买零售商B的商品	B
0		x_A	x_B	1

图 4-1 消费者购买决策

将消费者总人数单位化为 1，可得零售商 A 和 B 的利润函数分别为：

$$\varPi_{A_t}(p_{A_t}) = \int_0^{x_A} p_{A_t} q_A^* dx \qquad (4-5)$$

$$\varPi_{B_t}(p_{B_t}) = \int_{x_B}^1 p_{B_t} q_B^* dx \qquad (4-6)$$

零售商需通过设定商品的零售价格最大化其利润，分别通过求解优化问题 $\max_{p_{A_t}} \varPi_{A_t}(p_{A_t})$ 和 $\max_{p_{B_t}} \varPi_{A_t}(p_{B_t})$ 即可确定最优零售价格。

命题 4-1 当消费者对两竞争零售商的偏好程度不对称时，两零售商在传统零售模式下的最优零售价格分别为 $p_{A_t}^* = \frac{1}{4}\theta v$ 和 $p_{B_t}^* = \frac{1}{4}\delta\theta v$，最大化利润分别为 $\varPi_{A_t}^* = \frac{\theta^4 v^4}{16t}$ 和 $\varPi_{B_t}^* = \frac{\delta^4 \theta^4 v^4}{16t}$。

命题 4-1 显示，在传统零售模式下，消费者偏好程度较高的零售商 A 制定的商品零售价格较高即 $p_{A_t}^* \geqslant p_{B_t}^*$，且其最大化利润也高于消费者偏好程度较低的零售商 B 即 $\varPi_{A_t}^* \geqslant \varPi_{B_t}^*$。

给定消费者对零售商 A 的偏好程度 $\theta_A = 0.8$，消费者对零售商 B 的偏好程度系数为 $\delta = 0.9$，则对零售商 B 的偏好程度为 $\theta_B = 0.72$。消费者对商品的估值 $v = 0.6$，消费者的单位交通成本 $t = 0.2$，可得零售商 A 和零售商 B 的最优零售价格和最大化利润，如图 4-2 所示。

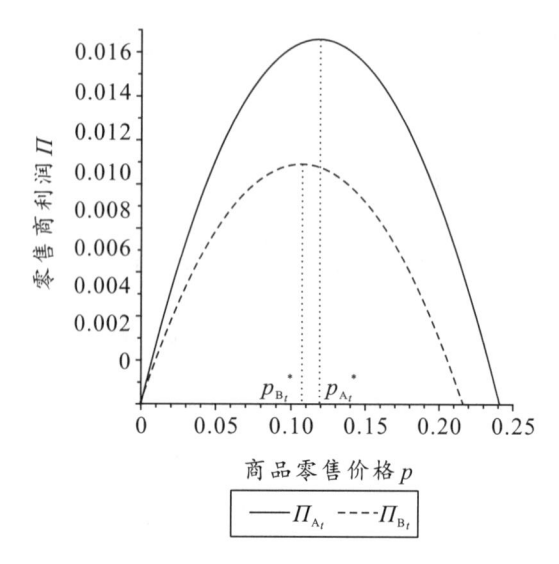

图 4-2 竞争零售商的最优零售价格及最大化利润

由图 4-2 可知，两零售商的利润是关于零售价格的凸函数，无论是最优零售价格还是最大化利润，消费者偏好程度较高的零售商都高于消费者偏好程度较低的零售商。显然两者之间的差距是消费者对两零售商偏好程度不对称造成的，该差距将随着消费者对劣势零售商偏好程度系数 δ 的增加而逐渐缩小，直至 $\delta = 1$ 时，两者间的差距消失。

推论 4-1 当消费者对零售商 B 的偏好程度低于零售商 A 时，零售商 B 的均衡零售价格及其利润均关于 δ 单调递增，当 $\delta = 1$ 时，零售商 B 的均衡零售价格及其利润达到与零售商 A 相等水平。

给定消费者对零售商 A 的偏好程度 $\theta_A = 0.8$，消费者对商品的估值 $v = 0.6$，消费者的单位交通成本 $t = 0.2$。可得图 4-3。

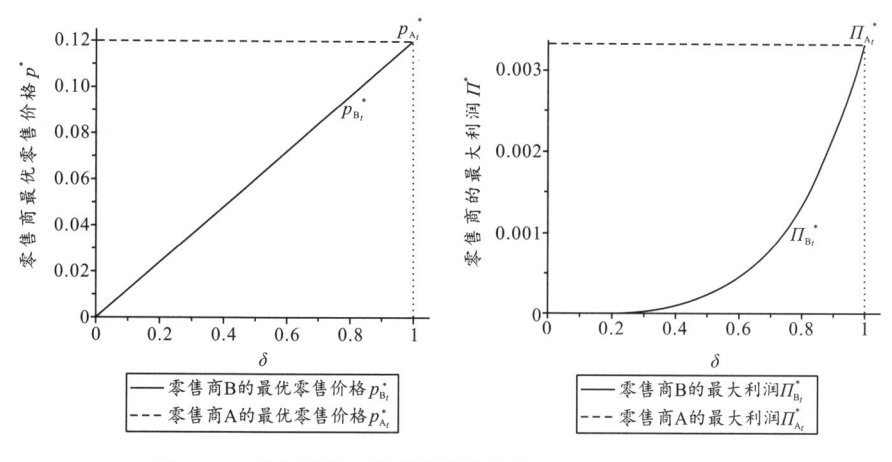

图4-3　竞争零售商的最优零售价格及利润的敏感性分析

由图4-3可知，零售商A的均衡零售价格及利润不受δ的影响；零售商B的最优零售价格及利润随着δ的增大而升高。当$\delta=1$时，零售商的最优零售价格及利润与零售商A同水平。

本节在考虑消费者对两零售商的偏好程度不对称的情形下，讨论了竞争零售商在传统零售模式中的商品零售价格定价问题。在模型中零售商无法通过调整商品零售价格策略充分扩大市场需求甚至瓜分整个市场，所以零售商需要借助新的销售模式拓展市场，达到增加市场需求、提高企业利润的目的。我们将在下节讨论"到家O2O"模式下零售商的相关定价问题。

4.2　"到家O2O"模式下零售价格及订单配送费决策

本节仍然关注消费者偏好程度不对称的两零售商A和B，分别坐落在单位线段的两端，分别以一定的零售商价格出售某可替代的商品。为了简便，将商品的单位成本视为0。消费者对两零售商的偏好程度θ_i（$i=A,B$）不对称，假设$\theta_A=\theta$，$\theta_B=\delta\theta$，其中δ为消费者对零售商B的偏好程度系数，且$0<\theta\leqslant1$及$0<\delta\leqslant1$。显然，消费者对零售商A

的偏好程度高于对零售商 B 的偏好程度，所以零售商 A 和 B 分别处于竞争优、劣势。由 4.1 节可知，在传统零售模式下，一些距离零售商较远的顾客不会购买任何商品。由于仅仅依靠调整商品零售价格策略根本无法使零售商充分扩大市场需求甚至瓜分整个市场，因此，零售商通过引入"到家 O2O"模式拓展市场，增加市场需求并提高企业利润。在"到家 O2O"模式中，零售商可基于某 O2O 平台对顾客提供送货到家、服务到家等服务，在沿用 4.1 节中参数设定的基础上，我们将零售商的单位配送服务成本记为 g_i（$i=A$，B），为了保证零售商能够在"到家 O2O"模式下盈利，我们进一步假设零售商所需承担的单笔订单成本足够低满足 $g_i \leq 2t-2w$，否则零售商则不存在采用"到家 O2O"模式的动机。

由 4.1 节可知，个人消费者的最优购买数量为 $q_i^* = \theta_i v$。除了选择承担交通成本 tx [或 $t(1-x)$] 自行前往零售商 A（或 B）处购买商品的传统购买方式，消费者也可以选择"到家 O2O"模式购买商品，即向零售商支付配送费 c_i 享受零售商送货到家的服务，但等待商品配送也需承担等待成本 wx [或 $w(1-x)$]，其中 w 是消费者的单位等待成本，且等待成本与消费者距零售商 A（或 B）的距离成正比。

如图 4-4 所示，在"到家 O2O"模式下，零售商在一定配送范围内向消费者收取的配送费关于距离的波动并不明显，故本节将零售商的配送费考虑为定值 c。消费者的单位等待成本 w 的大小与零售商的配送效率和配送服务水平密切相关，随着"到家 O2O"的发展，零售商的配送效率和配送服务水平逐渐提高，消费者普遍认为"到家 O2O"的等待成本远低于自行前往零售商处购买的交通成本，这也是"到家 O2O"得以迅速发展的主要原因。

第4章 竞争零售商"到家O2O"决策

图4-4 "到家O2O"用户界面截图

为了体现"到家O2O"配送服务对消费者购买行为的显著影响，假设消费者在"到家O2O"中的等待成本足够低满足 $w < \frac{1}{2}t$。传统零售模式和"到家O2O"模式产生的消费者剩余 V_i（q_i^*）和 V_{iO2O}（q_i^*）（i = A, B）分别为：

$$V_A(q_A^*) = u_A(q_A^*) - p_{A_t} \cdot q_A^* - tx \quad (4-7)$$

$$V_B(q_B^*) = u_B(q_B^*) - p_{B_t} \cdot q_B^* - t(1-x) \quad (4-8)$$

$$V_{AO2O}(q_A^*) = u_A(q_A^*) - p_{AO2O} \cdot q_A^* - c_A - wx \quad (4-9)$$

$$V_{BO2O}(q_B^*) = u_B(q_B^*) - p_{BO2O} \cdot q_B^* - c_B - w(1-x) \quad (4-10)$$

消费者会选择产生较大最终消费者剩余的购买方式在零售商 i 购买商品。

4.2.1 仅有劣势零售商采取"到家O2O"模式

为了吸引距离较远的顾客购买商品从而弥补竞争劣势，我们先考虑仅有竞争劣势零售商率先采取"到家O2O"模式。假设消费者偏好程度较低的零售商B基于某O2O平台对顾客提供送货到家、服务到家等服务,而同时具有消费者偏好程度优势的零售商A采取传统零售模式,两零售商处于非对称竞争环境。零售商B在"到家O2O"中可选择两种定价策略:保守型定价策略和激进型定价策略。

如图4-5所示,在保守型定价策略下,零售商B的目标是避免触发与零售商A的价格大战,杜绝恶性竞争。所以,除了传统零售模式下原有的消费者,零售商B在"到家O2O"模式下的目标消费者还包括市场上原本无购物意愿的消费者。然而在激进型定价策略下,零售商B并不满足于仅额外获得原本无购物意愿的消费者,其目标还包括抢夺原本选择在零售商A处购买商品的消费者。

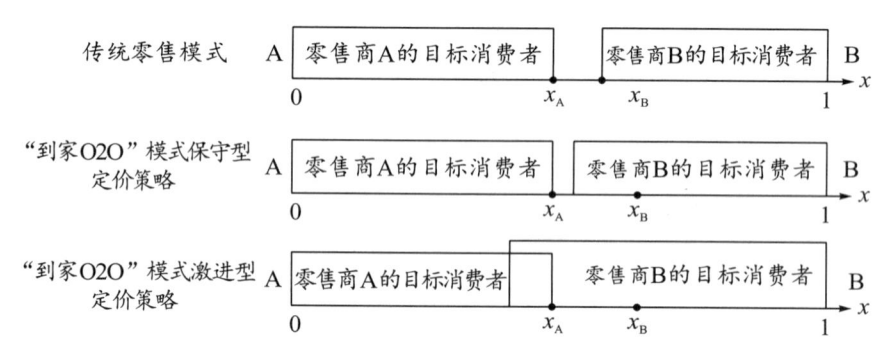

图4-5 零售商B在不同定价策略下的目标消费者

$$（其中 x_A = \frac{\theta^2 v^2 - 2v\theta p_A}{2t}, \quad x_B = \frac{2t + 2\delta p_B v\theta - \delta^2 \theta^2 v^2}{2t}）$$

本节主要探索零售商B在两种定价策略下的具体定价决策,以及零售商A的应对定价决策,帮助零售商B解决如何合理选择定价策略的问题,并进一步启发两竞争零售商如何充分发挥竞争优势以及规避竞争劣势。

4.2.1.1 保守型定价策略下的零售价格及订单配送费决策

当零售商B采取保守型定价策略,消费者通过对比消费者剩余 $V_A(q_A^*)$、$V_B(q_B^*)$ 以及 $V_{BO2O}(q_B^*)$ 做出相应购买决策。在"到家O2O"已成为一种消费习惯的市场环境下,具有该消费习惯的消费者极少因为线上线下零售价格的差异而更改购买方式,所以本节假设零售商B采用"到家O2O"模式之后,统一调整同款商品在传统零售模式以及"到家O2O"模式下的零售价格,即线上线下的价格无差异,记为p_{BO2O}。

如图4-6,位于$0 \leq x \leq x_A$的消费者会选择自行前往零售商A的门店购买商品,因为这些消费者距离零售商A较近,需要支付配送费和承担等待成本的"到家O2O"于他们来说并不一定是最佳选择;位于$x_{BO} < x \leq x_{BO1}$的消费者会选择"到家O2O"的方式购买零售商B的商品,这些消费者距离零售商B较远,"到家O2O"方式比需要自行前往门店购买的传统购买方式更佳;位于$x_{BO1} < x \leq 1$的消费者因距离零售商B较近,会选择前往B的门店购买商品。

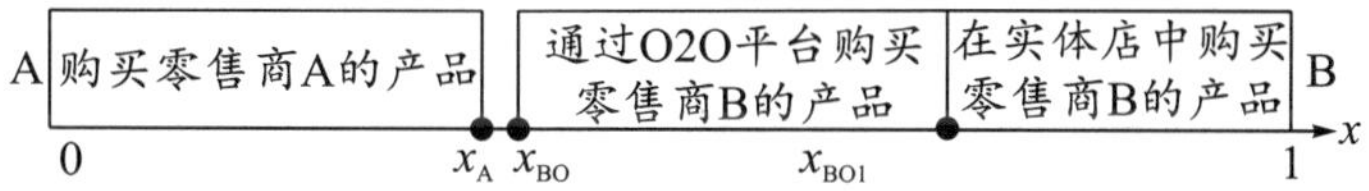

图4-6 消费者在保守型定价策略下的购买决策

其中:

$$x_A = \frac{\theta^2 v^2 - 2v\theta p_A}{2t},$$

$$x_{BO} = \frac{2\delta p_{BO2O}\theta v + 2c_B + 2w - \delta^2 \theta^2 v^2}{2w},$$

$$x_{BO1} = \frac{t - w - c_B}{t - w}。$$

基于以上分析,将消费者总人数单位化为1,可得两零售商的利润函数分别如下:

$$\Pi_A(p_A) = \int_0^{x_A} p_A \cdot q_A^* \mathrm{d}x \qquad (4-11)$$

$$\Pi_{BO2O}(p_{BO2O}, c_B) = \int_{x_{BO1}}^{1} p_{BO2O} \cdot q_B^* \, dx + \int_{x_{BO}}^{x_{BO1}} [p_{BO2O} \cdot q_B^* + c_B - g_B(1-x)] dx$$

(4 - 12)

在保守型定价策略下，零售商 B 应该思考如何制定商品的零售价格以及订单配送费，才能够避免竞争双方发起价格大战，杜绝恶性竞争。因此，零售商 B 需要对商品零售价格 p_{BO2O} 设置约束条件使得 $x_A \leq x_{BO}$ 从而保证其"到家 O2O"模式对零售商 A 的消费者购买行为不产生影响，由 $x_A \leq x_{BO}$ 可得：

$$p_{BO2O} \geq \frac{t\delta^2\theta^2 v^2 + w\theta^2 v^2 - 2p_A\theta vw - 2c_B t - 2tw}{2t\delta\theta v};$$

为使模型有意义，还需订单配送费满足约束条件 $c_B \geq 0$。零售商 A 也需要对商品零售价格 p_A 设置约束条件，使得其市场需求非负，即 $x_A \geq 0$，可得：

$$p_A \leq \frac{\theta v}{2}。$$

两零售商分别求解如下优化问题，即可确定最优定价决策。

$$\max_{p_A} \Pi_A(p_A), \text{ st. } p_A \leq \frac{\theta v}{2} \quad (4-13)$$

$$\max_{p_{BO2O}, c_B} \Pi_{BO2O}(p_{BO2O}, c_B)$$
$$\text{st.} \begin{cases} p_{BO2O} \geq \dfrac{t\delta^2\theta^2 v^2 + w\theta^2 v^2 - 2p_A\theta vw - 2c_B t - 2tw}{2t\delta\theta v} \\ c_B \geq 0 \end{cases}$$

(4 - 14)

命题 4 - 2 在消费者偏好程度较低的零售商 B 采取"到家 O2O"模式、消费者偏好程度较高的零售商 A 采取传统零售模式的非对称竞争环境下，零售商 B 在保守定型价策略中的各相关定价决策与其单位配送服务成本的大小有关；两零售商的均衡价格和利润见表 4-1，其中：

$$g_{B1} = \frac{2\theta^2 v^2 (\delta^2 t + w) - 8tw}{4t - \theta^2 v^2}。$$

表 4-1　零售商 B 采取保守型定价策略时两零售商的均衡价格和利润

	保守型定价策略	
配送服务成本	$0 < g_B < g_{B1}$	$g_{B1} < g_B < 2(t-w)$
均衡价格决策	$p_A^* = \frac{\theta v}{4}$	$p_A^* = \frac{\theta v}{4}$
	$p_{BO2O}^* = \frac{(2\delta^2\theta^2 v^2 - 4w)t + w\theta^2 v^2}{4\delta\theta vt}$	$p_{BO2O}^* = \frac{(g_B + w)\delta\theta v}{2(g_B + 2w)}$
	$c_B^* = 0$	$c_B^* = 0$
均衡利润	$\Pi_A^* = \frac{\theta^4 v^4}{16t}$	$\Pi_A^* = \frac{\theta^4 v^4}{16t}$
	$\Pi_{BO2O}^* = \frac{1}{2t^2} \cdot \left(t - \frac{\theta^2 v^2}{4}\right) \cdot \left[(\delta^2\theta^2 v^2 - g_B - 2w)t + \frac{\theta^2 v^2}{2}\left(w + \frac{g_B}{2}\right)\right]$	$\Pi_{BO2O}^* = \frac{\delta^4\theta^4 v^4}{8(g_B + 2w)}$

命题 4-2 首先表明在保守型定价策略下，零售商 B 的零售价格是关于单位配送服务成本的分段函数。当单位配送服务成本较高满足 $g_{B1} < g_B < 2(t-w)$ 时，零售商 B 的均衡价格 p_{BO2O}^* 随 g_{B1} 单调递增，即使 B 采用了"到家 O2O"模式，也不能够与零售商 A 瓜分整个市场。如图 4-6 中 $x_A < x_{BO}$ 的情况，此时位于 (x_A, x_{BO}) 的消费者不会购买任何商品。当单位配送服务成本较低满足 $0 < g_B < g_{BO}$ 时，零售商 B 通过设置足够低的均衡价格：

$$p_{BO2O}^* = \frac{(2\delta^2\theta^2 v^2 - 4w)t + w\theta^2 v^2}{4\delta\theta vt},$$

获得所有原本无购买意愿的消费者，但为了避免与零售商 A 发生价格竞争，B 会尽力维持 $x_A = x_{BO}$，所以即使单位配送服务成本再低，B 也不会再降低其零售价格。此时，零售商 B 与 A 瓜分整个市场，且零售商 B 的零售价格与"到家 O2O"模式下的单位配送服务成本大小无关。其次，无论零售商 B 在"到家 O2O"中的单位配送服务成本如何，零售商 A 的零售价格及利润都不会受到任何影响，即 $p_A^* = p_{A_t}^*$ 和 $\Pi_A^* = \Pi_{A_t}^*$ 恒成立。另外，无论单位配送服务成本如何，零售商 B 在"到家 O2O"模式中的最优订单配送费都是 0，零售商 B 主要是通过提高商品零售价格提高收益。当零售商 B 为所有消费者提供免费配送服务时，我们的模型显示将没有消费者选择前往门店购买其产品，其消费者都主动或被动地接受其向上调整的零售价格，这对零售商培养消费者养成"到家 O2O"消费习惯起到极大的促进作用。

推论 4-2 在上述非对称竞争环境下，与传统零售模式相比，零售商 B 在保守型定价策略中（1）提高了商品零售价格，即 $p_{BO2O}^* > p_{B_t}^*$；（2）向消费者免费提供送货到家、服务到家的配送服务，即 $c_B^* = 0$；（3）一定获得更高利润，即 $\Pi_{BO2O}^* > \Pi_{B_t}^*$ 恒成立。

给定消费者对零售商 A 的偏好程度 $\theta_A = 0.8$，消费者对零售商 B 的偏好程度系数为 $\delta = 0.9$，则对零售商 B 的偏好程度为 $\theta_B = 0.72$。消费者对商品的估值 $v = 0.6$，消费者的单位交通成本 $t = 0.2$，消费者的单位等待成本 $w = 0.05$，零售商的单位配送服务成本 $g_B = 0.1$，零售商 B 的配送费 $c_B = 0$，可得图 4-7。

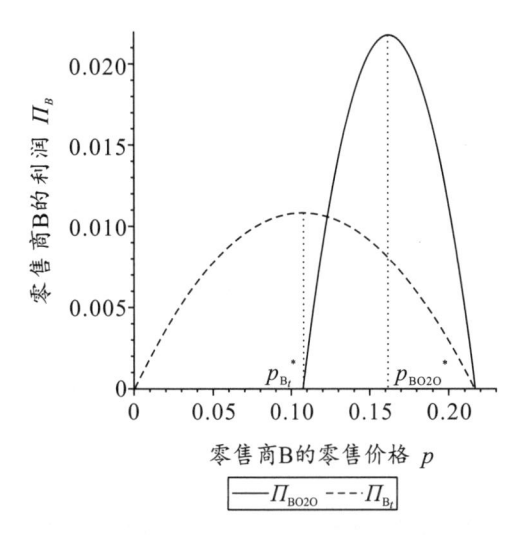

图 4-7　传统零售模式和"到家 O2O"模式保守型定价策略下零售商 B 的利润

如图 4-7 所示,零售商 B 在"到家 O2O"模式中采用保守型定价策略所能获得的最高利润始终高于传统零售模式中取得的利润。

推论 4-3　当单位配送服务成本较高时,零售商 B 在保守型定价策略下的均衡零售价格关于单位配送服务成本单调递增;当单位配送服务成本较低时,零售商 B 在保守型定价策略下的均衡零售价格与单位配送服务成本无关。

给定消费者对零售商 A 的偏好程度 $\theta_A = 0.8$,消费者对零售商 B 的偏好程度系数为 $\delta = 0.9$,则对零售商 B 的偏好程度为 $\theta_B = 0.72$。消费者对商品的估值 $v = 0.6$,消费者的单位交通成本 $t = 0.2$,消费者的单位等待成本 $w = 0.05$,可得零售商均衡价格关于单位配送服务成本的敏感性分析结果,如图 4-8 所示。

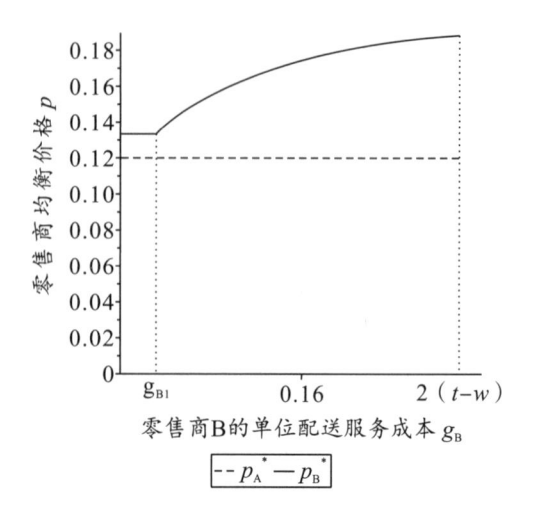

图 4-8　零售商均衡价格关于单位配送服务成本的敏感性分析

如图 4-8 所示，在"到家 O2O"模式下，若零售商 B 采用保守型定价策略，当单位配送服务成本较低时，零售商 B 的均衡价格不受单位配送服务成本的影响；当单位配送服务成本较高时，零售商 B 的均衡价格随着单位配送服务成本的升高而升高，且零售商 B 的均衡价格始终高于零售商 A。如果零售商 B 没有采用"到家 O2O"模式，则消费者偏好程度较低的竞争劣势导致其利润始终低于竞争优势零售商 A。由 4.1 节的结论可知，即使零售商 B 将消费者偏好程度提高到与零售商 A 相同的水平，仅可获得与零售商 A 相同的利润。但是，如果零售商 B 采用"到家 O2O"模式，即使处于消费偏好程度较低的竞争劣势，也可能获得比零售商 A 更高的利润。

命题 4-3　在消费者偏好程度较低的零售商 B 采取"到家 O2O"模式、消费者偏好程度较高的零售商 A 采取传统零售模式的非对称竞争环境下，零售商 B 的利润关于消费者的偏好程度系数 δ 单调递增，只要零售商 B 努力将消费者的偏好程度系数 δ 提高到一定水平 δ_{B1}，那么零售商 B 则可通过"到家 O2O"模式获得比零售商 A 更高的利润。其中：

$$\delta_{B1} = \begin{cases} \sqrt{\dfrac{(g_B+2t+2w)\theta^4v^4-(8g_B+16w)t\theta^2v^2+16g_Bt^2+32wt^2}{4t\theta^2v^2(4t-\theta^2v^2)}}, & 0<g_B\leq g_{B1} \\ \sqrt[4]{\dfrac{2w+g_B}{2t}}, & g_{B1}<g_B\leq 2t-2w \end{cases}$$

给定消费者对零售商 A 的偏好程度 $\theta=0.8$，消费者对商品的估值 $v=0.6$，消费者的单位交通成本 $t=0.2$，消费者的单位等待成本 $w=0.05$，当 $0<g_B\leq g_{B1}$ 时，取零售商的单位配送服务成本 $g_B=0.03$，可得图 4-9（左）；当 $g_{B1}<g_B\leq 2t-2w$ 时，去零售商的单位配送服务成本 $g_B=0.1$，可得图 4-9（右）。

图 4-9　"到家 O2O"模式下零售商 B 的利润

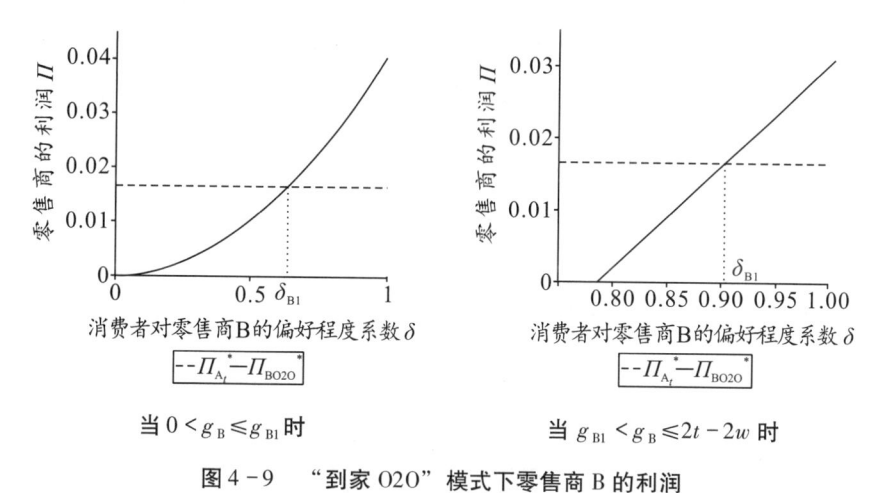

图 4-9 描述了在"到家 O2O"模式下，零售商 B 的利润与消费者对其偏好程度系数 δ 的关系。结果首先表明，不论零售商 B 的单位配送服务成本较高或较低，零售商 B 的利润随着消费者偏好程度系数 δ 的升高而升高。其次，只要零售商 B 将消费者的偏好程度系数 δ 提高至一定水平，即使其消费者偏好程度仍然低于零售商 A，B 也能通过"到家 O2O"模式获得比零售商 A 更高的利润。由此充分证实零售商 B 采取保守型定价策略时，"到家 O2O"模式的有效性。

4.2.1.2　激进型定价策略下的零售价格及订单配送费决策

在激进型定价策略下，零售商 B 并不满足于仅获得原本无购物意愿的消费者，其目标还包括抢夺原本选择在零售商 A 处购买商品的消费者。所以两零售商之间的价格战无法避免。消费者通过对比消费者剩余 $V_A(q_A^*)$、$V_B(q_B^*)$ 以及 $V_{BO2O}(q_B^*)$ 做出相应购买决策。假设零售商 B 采用"到家 O2O"模式之后，统一调整同款商品在传统零售模式以及"到家 O2O"模式下的零售价格，即线上线下的价格无差异，记为 p_{BO2O}。如图 4-10，位于 $0 \leq x \leq x_{ABO}$ 的消费者会选择前往零售商 A 的门店购买商品，因为这些消费者距离零售商 A 较近，需要支付配送费和承担等待成本的"到家 O2O"于他们来说并不一定是最佳选择；位于 $x_{ABO} < x \leq x_{BO1}$ 的消费者会选择"到家 O2O"的方式购买零售商 B 的商品，这些消费者距离零售商 B 较远，"到家 O2O"方式比需要自行前往门店购买的传统购买方式更佳；位于 $x_{BO1} < x \leq 1$ 的消费者因距离零售商 B 较近，会前往 B 的门店购买商品，其中：

$$\begin{cases} x_A = \dfrac{\theta^2 v^2 - 2v\theta p_A}{2t}, \\ x_{ABO} = \dfrac{(1-\delta^2)\theta^2 v^2 - 2v(p_A - \delta p_{BO2O})\theta + 2w + 2c_B}{2(t+w)}, \\ x_{BO1} = \dfrac{t - w - c_B}{t - w}。 \end{cases}$$

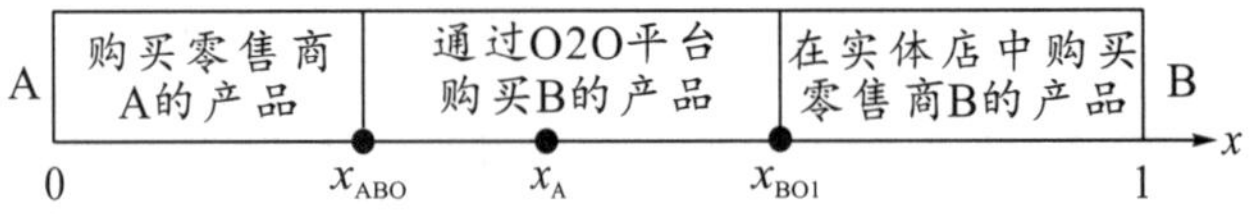

图 4-10 消费者在激进型定价策略下的购买决策

由图 4-10 可知，位于 $x_{ABO} < x \leq x_A$ 的消费者原本是零售商 A 的顾客，而在零售商 B 的激进型定价策略下则是被零售商 B 抢走了，这些消费者都选择"到家 O2O"购买零售商 B 的商品。为了应对零售商 B 的激进型定价策略，零售商 A 须调整其定价决策从而减少损失。

基于以上分析将消费者总人数单位化为 1，可得零售商的利润函数分别如下：

$$\Pi_A(p_A) = \int_0^{x_{ABO}} p_A \cdot q_A^* dx \qquad (4-15)$$

$$\Pi_{BO2O}(p_{BO2O}, c_B) = \int_{x_{BO1}}^1 p_{BO2O} \cdot q_B^* dx + \int_{x_{ABO}}^{x_{BO1}} [p_{BO2O} \cdot q_B^* + c_B - g_B(1-x)] dx \qquad (4-16)$$

在激进型定价策略下，零售商 B 旨在抢夺零售商 A 的市场份额，所以需设置商品零售价格 p_{BO2O} 使得 $x_{ABO} \leqslant x_A$，可得：

$$p_{BO2O} \leqslant \frac{t\delta^2\theta^2v^2 + w\theta^2v^2 - 2p_A\theta v w - 2c_B t - 2tw}{2t\delta\theta v};$$

为了模型有意义还需订单配送费满足约束条件 $c_B \geqslant 0$。零售商 A 也需积极做出应对以争取不被零售商 B 逐出市场，通过对商品零售价格 p_A 设置约束条件使得其市场需求非负，即 $x_{ABO} \geqslant 0$，可得：

$$p_A \leqslant \frac{-\delta^2\theta^2v^2 + 2\delta p_{BO2O}\theta v + \theta^2v^2 + 2c_B + 2w}{2\theta v}。$$

两零售商分别求解如下优化问题即可确定最优定价决策。

$$\max_{p_A} \Pi_A(p_A),$$
$$\text{st.} \, p_A \leqslant \frac{-\delta^2\theta^2v^2 + 2\delta p_{BO2O}\theta v + \theta^2v^2 + 2c_B + 2w}{2\theta v} \qquad (4-17)$$

$$\max_{p_{BO2O}, c_B} \Pi_{BO2O}(p_{BO2O}, c_B)$$
$$\text{st.} \begin{cases} p_{BO2O} \leqslant \dfrac{t\delta^2\theta^2v^2 + w\theta^2v^2 - 2p_A\theta v w - 2c_B t - 2tw}{2t\delta\theta v} \\ c_B \geqslant 0 \end{cases}$$
$$(4-18)$$

命题 4-4 在消费者偏好程度较低的零售商 B 采取"到家 O2O"模式、消费者偏好程度较高的零售商 A 采取传统零售模式的非对称竞争环境下，零售商 B 在激进型定价策略中的各相关定价决策与其单位配送服务成本的大小有关；两零售商的均衡价格和利润见表 4-2，其中：

$$g_{BO2} = \frac{(2t+w)\delta^2\theta^2v^2 + (2w+t)\theta^2v^2 - (2t+4w)(2t+w)}{4t+2w-\theta^2v^2}。$$

表 4-2 零售商 B 采取激进型定价策略时两零售商的均衡价格和利润

	(1) 当 $0 < g_B < g_{BO2}$ 时
均衡价格决策	$p_A^* = \dfrac{[2t+4w+2g_B+(1-\delta^2)\theta^2v^2](t+w)}{2\theta v(g_B+3t+3w)}$
	$p_{BO2O}^* = \dfrac{(\delta^2\theta^2v^2-\theta^2v^2+4t+2w)(t+w+g_B)}{\delta\theta v(2g_B+6t+6w)}$
	$c_B^* = 0$
均衡利润	$\Pi_A^* = \dfrac{(\delta^2\theta^2v^2-\theta^2v^2-2g_B-2t-4w)^2(t+w)}{4(g_B+3t+3w)^2}$
	$\Pi_{BO2O}^* = \dfrac{(\delta^2\theta^2v^2-\theta^2v^2+4t+2w)^2(2t+g_B+2w)}{8(g_B+3t+3w)^2}$
	(2) 当 $g_{BO2} < g_B < 2(t-w)$ 时
均衡价格决策	$p_A^* = \dfrac{\theta v(t+w)}{2(w+2t)}$
	$p_{BO2O}^* = \dfrac{(2t\delta^2+\delta^2w+w)\theta^2v^2-4tw-2w^2}{2\delta\theta v(2t+w)}$
	$c_B^* = 0$
均衡利润	$\Pi_A^* = \dfrac{\theta^4v^4(t+w)}{4(2t+w)^2}$
	$\Pi_{BO2O}^* = \dfrac{(4t+2w-\theta^2v^2)}{8(2t+w)^2} \cdot$ $[(4\delta^2t+2\delta^2w+g_B+2w)\theta^2v^2-4g_Bt-2g_Bw-8tw-4w^2]$

命题 4-4 首先表明，在激进型定价策略下，零售商 B 的零售价格是关于单位配送服务成本的分段函数。当单位配送服务成本较低满足 $0 < g_B < g_{BO2}$ 时，零售商 B 可以设置足够低的均衡价格 $p_{BO2O}^* = \dfrac{(\delta^2\theta^2v^2-\theta^2v^2+4t+2w)(t+w+g_B)}{\delta\theta v \cdot (2g_B+6t+6w)}$ 抢夺零售商 A 的市场份额。且单

位配送服务成本越低，零售商 B 的零售价格越低。此时，零售商 B 的零售价格与"到家 O2O"模式下的单位配送服务成本正相关。当单位配送服务成本较高满足$g_{BO2}<g_B<2(t-w)$时，零售商 B 为了抢夺零售商 A 的市场份额，即使单位配送服务成本再高，B 也不会提高其零售价格，故此时 B 的零售价格与"到家 O2O"模式下的单位配送服务成本大小无关。其次，为了应对零售商 B 争夺市场份额，零售商 A 会根据零售商 B 的定价决策及时调整其零售价格。另外，无论单位配送服务成本如何，零售商 B 在"到家 O2O"模式中的最优订单配送费都是 0，零售商 B 主要是通过对商品零售价格的向上调整提高收益。当零售商 B 为所有消费者提供免费配送服务时，我们的模型显示将没有消费者选择前往门店购买其产品，其消费者都主动或被动地接受其向上调整的零售价格，这对零售商培养消费者养成"到家 O2O"消费习惯起到极大的促进作用。

此外，由命题 4-4 可知，两个零售商应根据"到家 O2O"中单位配送成本与阈值g_{BO2}的大小关系确定均衡零售价格。当单位配送服务成本低于g_{BO2}时，两零售商之间的价格竞争相对激烈；而当位配送服务成本高于g_{BO2}时，两零售商之间的价格竞争相对缓和。值得注意的是，阈值g_{BO2}的大小与消费者对零售商 B 的偏好程度系数δ有关，所以消费者对零售商 B 的偏好程度也会间接影响两零售商的均衡零售价格。

推论 4-4 在零售商 B 的激进型定价策略中，若：

$$\delta \leqslant \frac{\sqrt{(w+2t)(-t\theta^2 v^2-2w\theta^2 v^2+4t^2+10tw+4w^2)}}{\theta v(w+2t)},$$

则$g_{BO2} \leqslant 0$，那么激进型定价策略中的均衡价格竞争只能处于相对缓和状态。

推论 4-4 说明，若消费者对零售商 B 的偏好程度足够低，那么即使零售商 B 选择激进型定价策略也不会造成激烈的价格竞争，零售商 A 遭受的损失相对较低。

推论 4-5 在上述非对称竞争环境下，与传统零售模式相比，零售商 B 在激进型定价策略中

（1）提高了商品零售价格，即 $p_{B_{O2O}}^{*} > p_{B_t}^{*}$；

（2）当单位配送服务成本较低时零售商 B 的均衡零售价格关于单位配送服务成本单调递增；当单位配送服务成本较高时，零售商 B 的均衡零售价格与单位配送服务成本无关。

给定消费者对零售商 A 的偏好程度 $\theta_A = 0.8$，对零售商 B 的偏好程度系数 $\delta = 0.9$，消费者对商品的估值 $v = 1$，消费者的单位交通成本 $t = 0.3$，消费者的单位等待成本 $w = 0.05$，可得图 4-11。

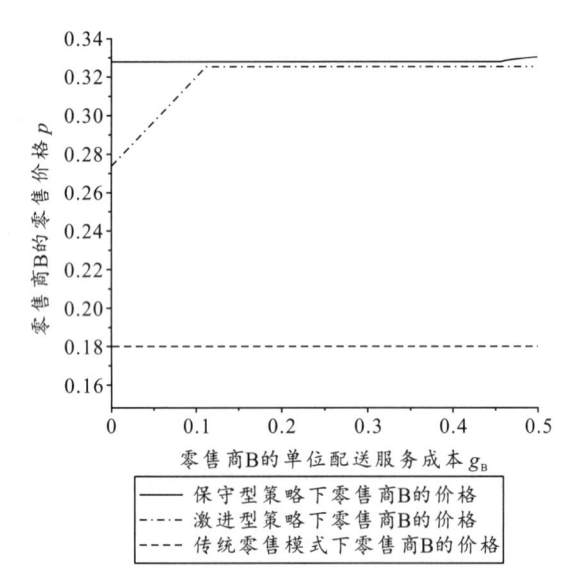

图 4-11 传统零售模式和"到家 O2O"模式下零售商 B 的商品价格

如图 4-11 所示，与传统零售模式下的零售价格相比，零售商 B 在"到家 O2O"模式中，无论是采取保守型还是激进型定价策略都会提高商品的零售价格，且采取保守型定价策略时的零售价格始终高于采用激进型定价策略时的零售价格。当零售商的单位配送服务成本较低时，激进型定价策略下的零售价格随着单位配送服务成本的升高而升高，而保守型定价策略下的零售价格不受单位配送服务成本影响；当零售商的单

位配送服务成本较高时,激进型定价策略下的零售价格不受单位配送服务成本影响,而保守型定价策略下的零售价格随着单位配送服务成本的升高而升高。

推论 4-6 消费者偏好程度较低的零售商 B 采取"到家 O2O"模式、消费者偏好程度较高的零售商 A 采取传统零售模式的非对称竞争环境下,如果零售商 B 选择激进型的定价策略,零售商 A

(1) 当单位配送服务成本足够低满足 $0 < g_B < g_{BO3}$ 时,降低商品零售价格;

(2) 当单位配送服务成本足够高满足 $g_{BO3} \leqslant g_B < 2t - 2w$ 时,提高商品零售价格。其中:

$$g_{BO3} = \frac{(t+w)[(2\delta^2+1)\theta^2 v^2 - 4t - 8w]}{4t + 4w - \theta^2 v^2}。$$

给定消费者对零售商 A 的偏好程度 $\theta_A = 0.8$,对零售商 B 的偏好程度系数 $\delta = 0.9$,消费者对商品的估值 $v = 1$,消费者的单位交通成本 $t = 0.3$,消费者的单位等待成本 $w = 0.05$,可得图 4-12。

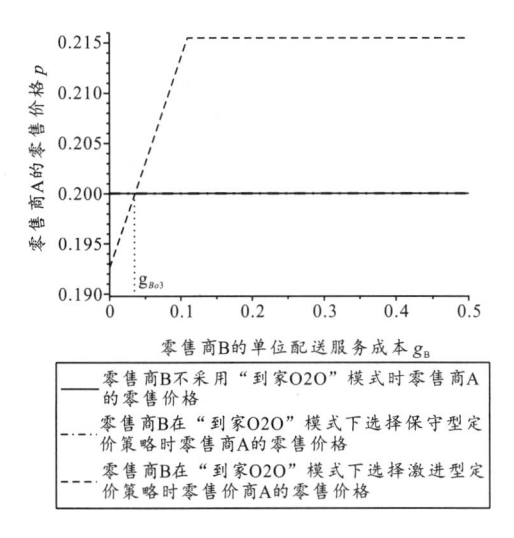

图 4-12 零售商 B 采用或不采用"到家 O2O"模式下零售商 A 的商品价格

由图 4-12 可知,若零售商 B 采取"到家 O2O"模式且施行保守型定价策略,则零售商 B 设置的零售价格较高并且不会吞噬零售商 A 的市场份额,此时零售商 A 的零售价格与传统零售模式中 A 的零售价格保持一致。若零售商 B 采取"到家 O2O"模式且施行激进型定价策略,当单位配送服务成本充分小时,零售商 B 的商品零售价格较低,对零售商 A 的市场份额吞噬较多,两零售商间的价格竞争非常激烈,所以该情况下零售商只能降低其零售价格尽最大努力挽留原有顾客。而随着单位配送服务成本的升高,如果零售商 B 的零售价格也随之升高,则零售商 B 对零售商 A 的市场份额吞噬量也随之减少,那么零售商 A 应该果断放弃挽留那些被零售商 B 夺走的消费者,充分利用其他获得与 A 距离很近、对 A 的偏好程度较高等优势,通过提高零售商价格从而获得更多的消费者剩余,将自己的利润损失降到最低。

推论 4-7 在上述非对称竞争环境下:

(1) 若零售商 B 在"到家 O2O"模式中采取保守型定价策略,则对零售商 A 的利润不造成影响;

(2) 若零售商 B 在"到家 O2O"模式中采取激进型定价策略,则对零售商 A 的利润一定造成受负向影响,且当单位配送服务成本充分小时,零售商 A 的利润受损最严重。

给定消费者对零售商 A 的偏好程度 $\theta_A = 0.8$,对零售商 B 的偏好程度系数 $\delta = 0.9$,消费者对商品的估值 $v = 1$,消费者的单位交通成本 $t = 0.3$,消费者的单位等待成本 $w = 0.05$,可得图 4-13。

[图表：零售商A的利润 Π 关于零售商B的单位配送服务成本 g_B 的曲线]

— 零售商B不采用"到家O2O"模式时零售A的利润
-·- 零售商B在"到家O2O"模式下选择保守型定价策略时零售商A的利润
--- 零售商B在"到家O2O"模式下选择激进型定价策略时零售价商A的利润

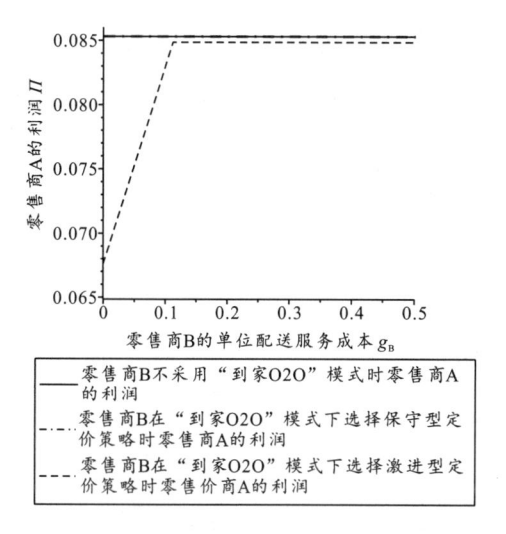

图4-13 零售商 B 采用或不采用"到家 O2O"模式下零售商 A 的利润

由图 4-13 可知，若零售商 B 采取"到家 O2O"模式且施行保守型定价策略，则零售商 B 不会吞噬零售商 A 的市场份额，此时零售商 A 所能获得的利润与传统零售模式中零售商 A 保持一致。若零售商 B 采取"到家 O2O"模式且施行激进型定价策略，当零售商 B 的单位配送服务成本充分小时，零售商 A 既降低了价格又损失了较多的市场份额，此时零售商 A 的利润远低于传统零售模式；当零售商 B 的单位配送服务成本足够高时，两零售商的价格竞争有所缓和，零售商 B 的利润依旧低于传统零售模式，但是利润损失降低。

命题4-5 在消费者偏好程度较低的零售商 B 采取"到家 O2O"模式、消费者偏好程度较高的零售商 A 采取传统零售模式的非对称竞争环境下，零售商 B 在激进型定价策略中的利润关于消费者单调递增，只要零售商 B 努力将消费者的偏好程度系数 δ 提高到一定水平 δ_{BO2}，那么零售商 B 则可通过"到家 O2O"模式获得比零售商 A 更高的利润，其中：

$$\delta_{BO2} = \begin{cases} \dfrac{\sqrt{g_B[g_B\theta^2v^2 - g_B(8t+6w) - 12(t+w)^2 + 2\sqrt{2g_B^3(t+w) + 16g_B^2(t+w)^2 + 42g_B(t+w)^3 + 36(t+w)^4}]}}{g_B\theta v}, & 0 < g_B < g_{BO2} \\ \dfrac{\sqrt{2(2t+w)(4t+2w-\theta^2v^2)[g_B(4t+2w-\theta^2v^2)^2 + 2\theta^4v^4(t+w) + 8w(2t+w)(2t+w-\theta^2v^2)]}}{2\theta v(2t+w)(4t+2w-\theta^2v^2)}, & g_{BO2} < g_B < 2(t-w) \end{cases}$$

给定消费者对零售商 A 的偏好程度 $\theta_A = 0.8$，消费者对商品的估值 $v = 0.6$，消费者的单位交通成本 $t = 0.1$，消费者的单位等待成本 $w = 0.04$，当 $0 < g_B \leq g_{BO2}$ 时，取零售商的单位配送服务成本 $g_B = 0.01$，可得图 4 - 14（左）；当 $g_{BO2} < g_B \leq 2t - 2w$ 时，零售商的单位配送服务成本 $g_B = 0.04$，可得图 4 - 14（右）。

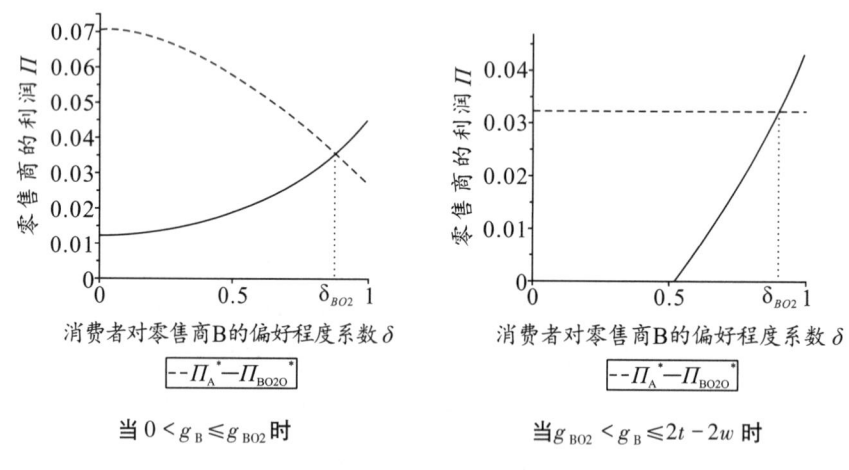

图 4 - 14　激进型策略下零售商 B 与零售商 A 的利润比较

图 4 - 14 描述了在"到家 O2O"模式下，零售商 B 选择激进型定价策略时，零售商 B 和零售商 A 的利润与消费者对零售商 B 偏好程度系数 δ 的关系。结果首先表明，不论零售商 B 的单位配送服务成本较高或较低，零售商 B 的利润随着消费者偏好程度系数 δ 的升高而升高。而当零售商 B 的单位配送服务成本较低时，零售商 A 的利润随着消费者对零售商 B 的偏好程度系数 δ 的升高而降低；当零售商 B 的单位配送服务成本较高时，零售商 A 的利润不受消费者对零售商 B 的偏好程度系数 δ 的影响。其次，只要零售商 B 将消费者的偏好程度系数 δ 提高至一定水平，即使其消费者偏好程度仍然低于零售商 A，零售商 B 也能通过"到家 O2O"模式获得比零售商 A 更高的利润。由此充分证实，零售商 B 采取激进型定价策略时，"到家 O2O"模式的有效性。

最后，零售商 B 还有一个非常重要的问题要解决。那就是在"到家 O2O"模式下,应该如何在激进型定价策略与保守型定价策略两者之间作出合理选择。两种策略谁的盈利能力更强.

命题 4-6 在消费者偏好程度较低的零售商 B 采取"到家 O2O"模式、消费者偏好程度较高的零售商 A 采取传统零售模式的非对称竞争环境下:

(1) 当 $0 < g_B \leq g_{B04}$ 时,激进型定价策略比保守型定价策略给零售商 B 带来更高的利润;

(2) 当 $g_{B04} < g_B \leq 2t - 2w$ 时,保守型定价策略比激进型定价策略给零售商 B 带来更高的利润,其中:

$$g_{B04} = \frac{2(4\delta^2 t^2 \theta^2 v^2 + 2tw\delta^2 \theta^2 v^2 + 4tw\theta^2 v^2 + \theta^2 v^2 w^2 - 16 t^2 w - 8tw^2)}{-4t\theta^2 v^2 - \theta^2 v^2 w + 16 t^2 + 8tw}。$$

命题 4-6 提出,在上述不对称的竞争环境下,零售商 B 应该根据"到家 O2O"模式下的单位配送服务成本的大小适当选择定价策略。结果表明,当单位配送服务成本较低时,激进型定价策略是零售商 B 的占优策略;反之,当单位配送服务成本较高时,保守型定价策略是零售商 B 的占优策略。

给定消费者对零售商 A 的偏好程度 $\theta_A = 0.8$,对零售商 B 的偏好程度系数 $\delta = 0.9$,消费者对商品的估值 $v = 1$,消费者的单位交通成本 $t = 0.3$,消费者的单位等待成本 $w = 0.05$,可得图 4-15。

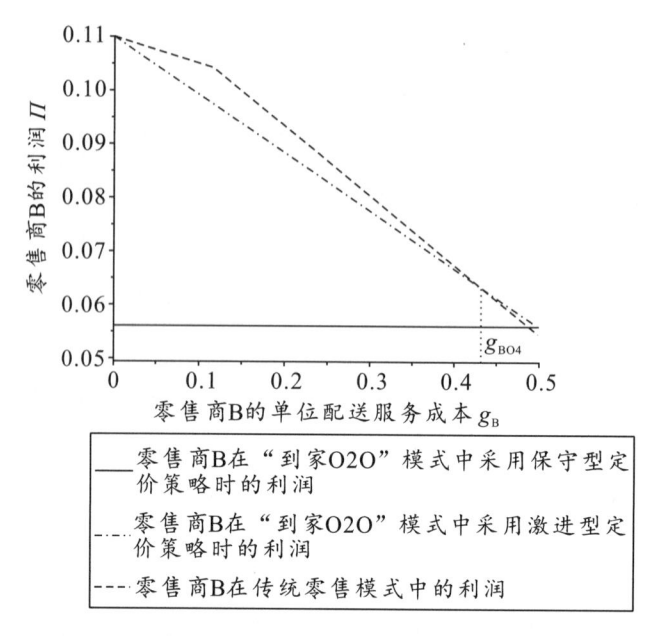

图4-15 传统零售模式及"到家O2O"模式下零售商B的利润

图4-15表明，零售商B可以通过"到家O2O"模式提高利润。零售商B在"到家O2O"模式下无论采用哪一种定价策略，其利润皆随着单位服务配送成本的升高而降低。因为零售商B的零售价格随单位服务配送成本的增加而升高，导致市场份额缩小，故利润也随之缩小。其次，当零售商B的单位配送服务成本较低时，激进型定价策略的利润水平高于保守型定价策略；而当单位配送服务成本较高时，激进型定价策略的利润水平低于保守型定价策略。

综上，本节考虑消费者偏好程度较低的零售商B采取"到家O2O"模式、消费者偏好程度较高的零售商A采取传统零售模式的非对称竞争环境，分别提出两竞争零售商在保守型、激进型定价策略下的具体定价决策。通过比较两种定价策略的盈利能力，对零售商B如何合理选择适当的定价策略提出了具体建议。模型逻辑清晰，结果合理，凸显"到家O2O"模式在盈利性上的明显优势。通过分析消费者对零售商的偏好程度与"到家O2O"模式盈利能力的影响发现，无论在保守型还是在激进型定价策略下，只要劣势零售商 B 将消费者的偏好程度系数 δ 提高至一定水平，即使其消费者偏好程度仍然低于零售商 A，零售商 B 采取"到家 O2O"模式也能获得比零售商 A 更高的利润，由此充分证实"到家 O2O"模式的有效性。下面，我们将零售商的定价问题拓展到竞争双方同时采取"到家 O2O"模式的竞争环境。

4.2.2 竞争零售商同时采取"到家 O2O"模式

考虑零售商 A 和 B 同时基于某 O2O 平台对顾客提供送货到家、服务到家等服务。消费者对两零售商的偏好程度 θ_i 不对称，假设 $\theta_A = \theta$，$\theta_B = \delta \cdot \theta$，其中 δ 为消费者对零售商 B 的偏好程度系数，且 $0 < \theta \leq 1$ 及 $0 < \delta \leq 1$。显然消费者对零售商 A 的偏好程度高于对零售商 B 的偏好程度，所以零售商 A 和 B 分别处于竞争优、劣势，两零售商处于非对称竞争环境。零售商 A 和 B 在"到家 O2O"中可选择两种定价策略：一是保守型定价策略，二是激进型定价策略。如图 4-16 所示，在保守型定价策略下，零售商 A 和 B 的目标是避免触发彼此间的价格大战，杜绝恶性竞争。所以，除了在传统零售模式下原有的消费者，两零售商在"到家 O2O"模式下的目标消费者只包括市场上原本无购物意愿的消费者。然而在激进型定价策略下，两零售商并不满足于仅额外获得原本无购物意愿的消费者，其目标还包括抢夺原本选择在竞争零售商处购买商品的消费者。

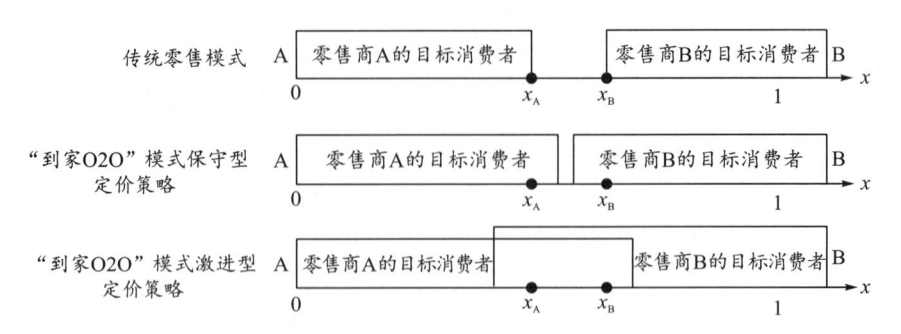

```
传统零售模式      A  零售商A的目标消费者    零售商B的目标消费者   B
                  0              x_A  x_B             1    x

"到家O2O"模式保守型  A  零售商A的目标消费者   零售商B的目标消费者    B
     定价策略      0              x_A  x_B             1    x

"到家O2O"模式激进型  A  零售商A的目标消费者   零售商B的目标消费者    B
     定价策略      0              x_A  x_B             1    x
```

图4-16 两零售商在不同定价策略下的目标消费者

$$\text{其中 } x_A = \frac{\theta^2 v^2 - 2v\theta p_A}{2t}, \quad x_B = \frac{2t + 2\delta p_B v\theta - \delta^2 \theta^2 v^2}{2t}$$

本节主要探索两零售商在两种定价策略下的具体定价决策，以及解决如何合理选择定价策略的问题，并进一步启发两竞争零售商如何充分发挥竞争优势以及规避竞争劣势。

4.2.2.1 保守型定价策略下的竞争零售价格及订单配送费决策

当两零售商采取保守型定价策略，消费者通过对比消费者剩余 $V_A(q_A^*)$、$V_{AO2O}(q_A^*)$、$V_B(q_B^*)$ 以及 $V_{BO2O}(q_B^*)$ 做出相应购买决策。在"到家O2O"已成为一种消费习惯的市场环境下，具有该消费习惯的消费者极少因为线上线下零售价格的差异而更改购买方式，所以假设零售商A和B采用"到家O2O"模式之后，统一调整同款商品在传统零售、"到家O2O"模式下的零售价格，即线上线下的价格无差异，分别记为 p_{AO2O}、p_{BO2O}。设两零售商的单位配送服务成本均为 g，即 $g_i = g$ ($i = A, B$)，为了保证零售商能够在"到家O2O"模式下盈利，我们进一步假设零售商所需承担的单笔订单成本足够低满足 $g \leqslant 2t - 2w$，否则零售商不存在采用"到家O2O"模式的动机。

如图4-17，位于 $0 \leqslant x \leqslant x_{A01}$ 的消费者会选择自行前往零售商A的门店购买商品，因为这些消费者距离零售商A较近，需要支付配送费和承担等待成本的"到家O2O"于他们来说并不是最佳选择；位于 $x_{A01} < x \leqslant x_{A0}$ 的消费者会选择通过"到家O2O"的方式购买零售商A的

商品，这些消费者距离零售商 A 较远，"到家 O2O"方式比需要自行前往 A 门店购买的传统购买方式更佳；位于 $x_{BO} < x \leq x_{BO1}$ 的消费者会选择通过"到家 O2O"的方式购买零售商 B 的商品，这些消费者距离零售商 B 较远，"到家 O2O"方式比需要自行前往门店购买的传统购买方式更佳；位于 $x_{BO1} < x \leq 1$ 的消费者因距离零售商 B 较近，会选择前往 B 的门店购买商品，其中：

$$x_{AO} = \frac{\theta^2 v^2 - 2p_{AO2O}\theta v - 2c_A}{2w}, \quad x_{BO} = \frac{-\delta^2 \theta^2 v^2 + 2\delta p_{BO2O}\theta v + 2c_B + 2w}{2w},$$

$$x_{AO1} = \frac{c_A}{t-w}, \quad x_{BO1} = \frac{c_B + w - t}{w - t}。$$

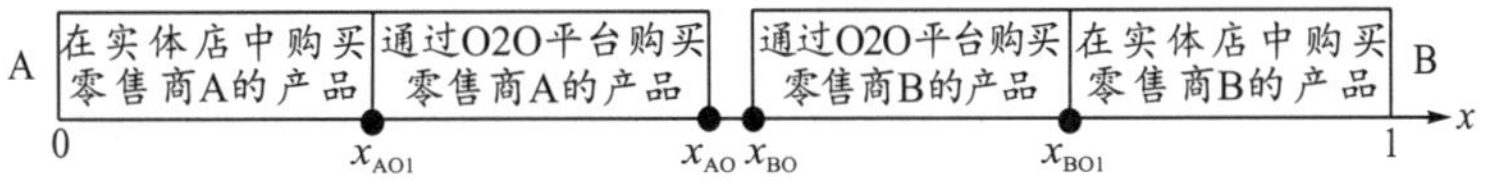

图 4-17　消费者在保守型定价策略下的购买决策

基于以上分析将消费者总人数单位化为 1，可得两零售商的利润函数分别如下：

$$\Pi_A(p_{AO2O}, c_A) = \int_0^{x_{AO1}} p_A \cdot q_A \mathrm{d}x + \int_{x_{AO1}}^{x_{AO}} (p_A \cdot q_A + c_A - g \cdot x) \mathrm{d}x \tag{4-19}$$

$$\Pi_{BO2O}(p_{BO2O}, c_B) = \int_{x_{BO1}}^1 p_B \cdot q_B \mathrm{d}x + \int_{x_{BO}}^{x_{BO1}} [p_B \cdot q_B + c_B - g(1-x)] \mathrm{d}x \tag{4-20}$$

在保守型定价策略下，零售商 A 和 B 应该思考如何制定商品的零售价格以及订单配送费，才能够避免竞争双方陷入恶性价格竞争。因此零售商 A 和 B 需要分别对商品零售价格 p_{BO2O}、p_{AO2O} 及订单配送费 c_B、c_A 设置约束条件，使得 $x_{AO} \leq x_{BO}$，从而保证"到家 O2O"模式对竞争零售商原有消费者的购买行为不产生影响，由 $x_{AO} \leq x_{BO}$ 可得：

$$p_{AO2O} \geqslant \frac{\theta^2 v^2(\delta^2+1) - 2\delta\theta v \cdot p_{BO2O} - 2w - 2c_A - 2c_B}{2\theta v},$$

$$p_{BO2O} \geqslant \frac{\theta^2 v^2(\delta^2+1) - 2\theta v \cdot p_{AO2O} - 2w - 2c_A - 2c_B}{2\delta\theta v}。$$

两零售商分别求解如下优化问题即可确定最优定价决策。

$$\max_{p_{AO2O}, c_A} \Pi_A(p_{AO2O}, c_A),$$

$$\text{st. } p_{AO2O} \geqslant \frac{\theta^2 v^2(\delta^2+1) - 2\delta\theta v \cdot p_{BO2O} - 2w - 2c_A - 2c_B}{2\theta v}$$

(4-21)

$$\max_{p_{BO2O}, c_B} \Pi_{BO2O}(p_{BO2O}, c_B)$$

$$\text{st. } p_{BO2O} \geqslant \frac{\theta^2 v^2(\delta^2+1) - 2\theta v \cdot p_{AO2O} - 2w - 2c_A - 2c_B}{2\delta\theta v}$$

(4-22)

命题 4-7 在消费者偏好程度较高的零售商 A 和消费者偏好程度较低的零售商 B 同时采取"到家 O2O"模式的非对称竞争环境下，两零售商在保守型定价策略中的各相关定价决策与单位配送服务成本、以及消费者单位等待成本的大小有关。两零售商的均衡价格和利润见表 4-3，其中：

$$g_{ab} = \frac{\theta^2 v^2}{2}(\delta^2+1) - 2w。$$

第4章 竞争零售商"到家O2O"决策

表4-3 零售商采取保守型定价策略时均衡价格和利润

	保守型定价策略
等待成本	(1) 当 $0 \leq w < \dfrac{\theta^2 v^2 (1+\delta^2)}{4}$ 时
配送服务成本	(1.1) 若 $0 < g \leq g_{ab}$
均衡价格决策	$p_{A1b}^* = \dfrac{\delta^3 \theta^2 v^2 w + \delta (\theta^2 v^2 - 2w)(g+2w) + \theta^2 v^2 (g+w)}{2\theta v (g+2w)}$ $p_{B1b}^* = \dfrac{\delta^3 \theta^2 v^2 (g+2w) + \delta^2 \theta^2 v^2 (g+2w)(\delta+1) - w(-\theta^2 v^2 + 2g + 4w)}{2\delta\theta v (g+2w)(\delta+1)}$ $c_A^* = 0, c_B^* = 0$
均衡利润	$\Pi_{A1b}^* = \left[\dfrac{1}{2}\theta^2 v^2 (1-\delta^3) + \delta(g+2w)\right] \left[\dfrac{1}{2}\theta^2 v^2 (1+\delta^3) - \delta(g+2w-\theta^2 v^2)\right] / 2(g+2w)(\delta+1)^2$ $\Pi_{B1b}^* = \dfrac{[\theta^2 v^2 (\delta^3 + 2\delta^2 + 1) - 2g - 4w][\theta^2 v^2 (\delta^3 - 1) + 2g + 4w]}{8(g+2w)(\delta+1)^2}$
等待成本	(2) 当 $\dfrac{\theta^2 v^2 (1+\delta^2)}{4} \leq w < \dfrac{t}{2}$ 时
均衡价格决策	$p_{A2b}^* = \dfrac{\theta v (g+w)}{2(g+2w)}$, $p_{B2b}^* = \dfrac{\delta\theta v (g+w)}{2(g+2w)}$, $c_A^* = 0, c_B^* = 0$
均衡利润	$\Pi_{A2b}^* = \dfrac{\theta^4 v^4 (g+w)}{8(g+2w)}$, $\Pi_{B2b}^* = \dfrac{\delta^4 \theta^4 v^4 (g+w)}{8(g+2w)}$
	(1.2) 若 $g_{ab} < g < 2(t-w)$
	$p_{A2b}^* = \dfrac{\theta v (g+w)}{2(g+2w)}$ $p_{B2b}^* = \dfrac{\delta\theta v (g+w)}{2(g+2w)}$ $c_A^* = 0, c_B^* = 0$
	$\Pi_{A2b}^* = \dfrac{\theta^4 v^4 (g+w)}{8(g+2w)}$ $\Pi_{B2b}^* = \dfrac{\delta^4 \theta^4 v^4 (g+w)}{8(g+2w)}$

命题4-7首先表明，在保守型策略下，零售商A和零售商B在"到家O2O"模式下的零售价格由零售商的单位配送服务成本g与消费者单位等待成本w两因素共同决定。当消费者单位等待成本w较高满足$\frac{\theta^2 v^2 (1+\delta^2)}{4} \leqslant w < \frac{t}{2}$，或消费者单位等待成本$w$较低，满足$0 \leqslant w < \frac{\theta^2 v^2 (1+\delta^2)}{4}$；且零售商的单位配送服务成本$g$较高，满足$g_{\alpha b} < g < 2(t-w)$时，零售商A和B的均衡价格$p_{A2b}^*$和$p_{B2b}^*$皆随$g$单调递增，此时零售商A和零售商B都采用了"到家O2O"模式，但仍然没有瓜分整个市场，如图4-17中$x_{AO} < x_{BO}$的情况，位于(x_{AO}, x_{BO})的消费者不会购买任何商品。当消费者单位等待成本w较低满足$0 \leqslant w < \frac{\theta^2 v^2 (1+\delta^2)}{4}$且零售商的单位配送服务成本$g$也较低满足$0 < g \leqslant g_{\alpha b}$时，零售商A和B通过设置均衡价格$p_{A1b}^*$和$p_{B1b}^*$获得市场上所有原本无购买意愿的消费者，但为了避免与对方产生恶性竞争，零售商A和B会尽力维持$x_{AO} = x_{BO}$，此时零售商B与A瓜分整个市场。其次，无论单位配送成本高低，零售商A和B在"到家O2O"模式中的最优订单配送费都是0，其主要通过提高商品零售价格和扩大市场规模来提高收益。当零售商A和B为所有消费者提供免费配送服务时，我们的模型显示将没有消费者前往门店购买产品，这对消费者养成使用"到家O2O"模式的消费习惯起到了极大的促进作用。

推论4-8 在上述非对称竞争环境下，与传统零售模式相比，零售商A和B在保守型定价策略中：

(1) 提高了商品的零售价格，即$p_{A_{ib}}^* > p_{A_t}^*$，$p_{B_{ib}}^* > p_{B_t}^*$（$i = 1, 2$）；

(2) 向消费者提供免费送货到家、服务到家的配送服务，即$c_A^* = 0$，$c_B^* = 0$；

(3) 一定获得更高利润，即$\Pi_{A_{ib}}^* > \Pi_{A_t}^*$，$\Pi_{B_{ib}}^* > \Pi_{B_t}^*$（$i = 1$，

2）恒成立。

给定消费者对零售商 A 的偏好程度 $\theta_A = 0.8$，对零售商 B 的偏好程度系数 $\delta = 0.9$，消费者对商品的估值 $v = 0.6$，消费者的单位交通成本 $t = 0.2$，消费者的单位等待成本 $w = 0.05$，零售商的单位配送服务成本 $g = 0.2$，零售商 A 的配送费 $c_A = 0$，零售商 B 的配送费 $c_B = 0$，可得图 4-18 和图 4-19。

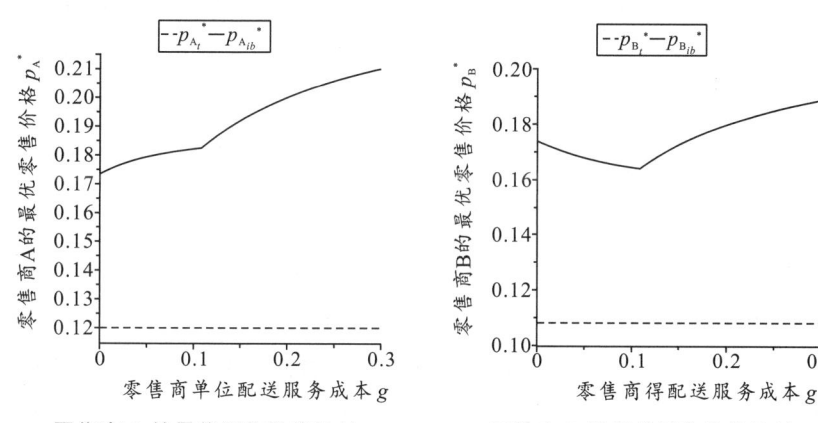

零售商 A 的最优零售价格比较　　零售商 B 的最优零售价格比较

图 4-18　传统零售模式和"到家 O2O"模式下零售价格比较

图 4-18 显示非对称竞争环境下，当 A 和 B 同时采用"到家 O2O"模式时，与传统零售模式相比，零售商 A 和 B 皆在保守型定价策略中提高了商品零售价格。

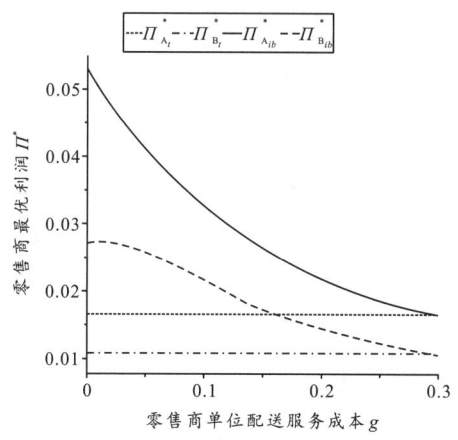

图 4-19　传统零售模式和"到家 O2O"模式下零售商利润比较

如图 4-19 所示,当零售商 A 和 B 同时采用"到家 O2O"模式时,若两零售商采取保守型定价策略,则二者的市场规模都得到了扩大且商品零售价格也有所提高,所以零售商 A 和 B 所获得的最优利润分别高于其在传统零售中取得的利润。但处于竞争劣势的零售商 B 通过"到家 O2O"模式的保守型定价策略所得利润增量低于竞争优势零售商 A。

推论 4-9 在保守型定价策略下,当单位配送服务成本较高满足 $g_{ab} < g < 2(t-w)$ 时,零售商 A 和 B 的均衡价格关于单位配送服务成本 g 单调递增;当单位配送服务成本较低满足 $0 < g \leq g_{ab}$ 时,零售商 A 的均衡价格关于单位配送服务成本 g 单调递增,零售商 B 的均衡价格关于单位配送服务成本 g 单调递减。

推论 4-9 的结论由图 4-18 直观呈现,当零售商 A 和 B 同时采取"到家 O2O"模式且选择保守型定价策略,零售商 A 的零售价格与单位配送服务成本正相关,即单位配送服务成本越高,A 的零售价格越高;单位配送服务成本越低,A 的零售价格越低。首先值得注意的是,当单位配送服务成本足够低时,零售商 A 的零售价格也足够低,低价格使得零售商 A 能够吸收市场上所有不愿选择零售商 B 的消费者(即使得图 4-17 中关于位置的阈值点 x_{AO} 和 x_{BO} 重合),且单位配送服务成本越低,零售商 B 的市场份额越小(即图 4-17 中 x_{AO} 和 x_{BO} 的重合点距离零售商 B 越近)。此时零售商无法利用更低的价格扩大市场份额,选择设置较高的零售价格压榨更多消费者剩余反而是更好的选择,因此零售商 B 的零售价格随着单位配送服务成本单调递减。其次,随着单位配送服务成本的升高,两零售商无法通过"到家 O2O"模式瓜分整个市场,双方皆根据运营成本分别设置零售价格以尽量扩大市场份额,所以此时与零售商 A 一样,零售商 B 的零售价格与单位配送服务成本正相关。

在不对称的竞争环境下,若两零售商都在"到家 O2O"模式下选择保守型定价策略,经过进一步探索竞争双方零售价格的大小关系,我们得到定理 4-8。

命题4-8 在消费者偏好程度较高的零售商 A 和消费者偏好程度较低的零售商 B 同时采取"到家O2O"模式的非对称竞争环境下,若两零售商均选择保守型定价策略,则仅当消费者单位等待成本 w 足够低至满足 $0 \leqslant w < \dfrac{\theta^2 v^2 (\delta^2+1)}{4}$ 且零售商单位配送成本也足够低至满足 $0 < g \leqslant g_\gamma$ 时,零售商 A 的零售价格低于零售商 B 即 $p_{A_{1b}}{}^* < p_{B_{1b}}{}^*$,其余条件下零售商 A 的零售价格皆高于零售商 B 即 $p_{A_{1b}}{}^* \geqslant p_{B_{1b}}{}^*$ 或 $p_{A_{2b}}{}^* \geqslant p_{B_{12}}{}^*$,其中:

$$g_\gamma = \frac{w[\theta^2 v^2(\delta^2 - \delta + 1) - 4w]}{\delta \theta^2 v^2 + 2w}。$$

命题4-8表明,如果零售商 A 和 B 同时采用"到家O2O"模式,在单位配送成本和消费者单位等待成本都足够低的情况下,竞争优势零售商 A 将下调商品零售价格 $p_{A_{2b}}{}^*$ 至低于竞争劣势零售商 B 的零售商价格 $p_{B_{2b}}{}^*$,以占有更多市场份额。而在其他情况下,与传统零售模式下的结果一样,零售商 A 会利用消费者对其偏好程度较高的优势,设置高于零售商 B 的零售商价格。

值得注意的是,在传统零售模式下,竞争优势零售商 A 的商品零售价格始终高于竞争劣势零售商 B。然而,在"到家O2O"模式下,竞争优势零售商 A 的商品零售价格在单位配送成本和消费者单位等待成本都足够低的情况下却低于竞争劣势零售商 B。该区别正是消费者对两零售商的偏好程度不对称引起的。

给定消费者对零售商 A 的偏好程度 $\theta_A = 0.8$,对零售商 B 的偏好程度系数 $\delta = 0.9$,消费者对商品的估值 $v = 0.6$,消费者的单位交通成本 $t = 0.15$,消费者的单位等待成本 $w = 0.03$,可得零售商均衡价格关于单位配送服务成本的敏感性分析,如图4-20所示。

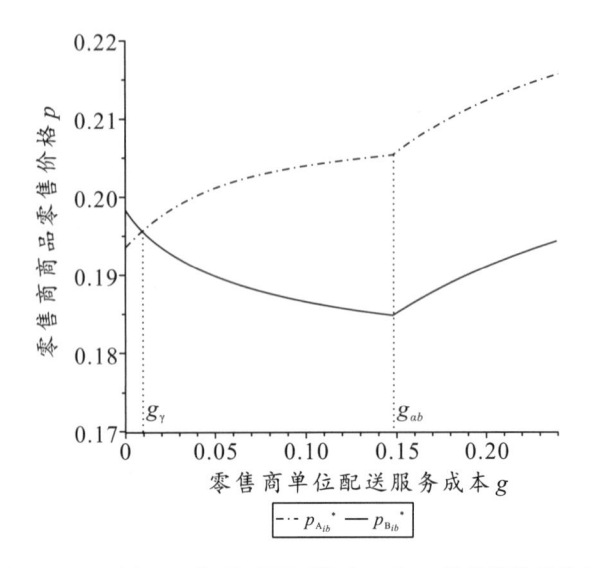

图 4-20 "到家 O2O"模式下零售商 A 和 B 的均衡价格比较

图 4-20 描述了"到家 O2O"模式下，零售商 A 和 B 的均衡价格与单位配送服务成本 g 的关系。即不论单位配送服务成本较高或较低，零售商 A 的均衡价格随其单调递增，而零售商 B 的均衡价格关于单位配送服务成本先递减后递增。结果表明，当单位配送服务成本足够低时，双方都采用保守型策略的环境为竞争劣势零售商 B 进一步压榨消费者剩余提供机会，零售商 B 反而制定比竞争优势零售商更高的零售价格；随着单位配送服务成本升高，零售商 A 的零售价格也随之升高，劣势零售商 B 会设置比零售商 A 更低的价格从而保证市场份额。

4.2.2.2 激进型定价策略下的竞争零售价格及订单配送费决策

当两零售商采取激进型定价策略，消费者通过对比消费者剩余 $V_A(q_A^*)$、$V_{AO2O}(q_A^*)$、$V_B(q_B^*)$ 以及 $V_{BO2O}(q_B^*)$ 做出相应购买决策。在"到家 O2O"已成为一种消费习惯的市场环境下，具有该消费习惯的消费者极少因为线上线下零售价格的差异而更改购买方式，所以本节假设零售商 A 和 B 采用"到家 O2O"模式之后，统一调整同款商品在传统零售模式以及"到家 O2O"模式下的零售价格，即线上线下的价格无差异，分别记为 p_{AO2O}、p_{BO2O}。设两零售商的单位配送服

务成本均为 g，即 $g_i = g$（$i = A$，B），为了保证零售商能够在"到家O2O"模式下盈利，进一步假设零售商所需承担的单笔订单成本足够低满足 $g \leq 2t - 2w$，否则零售商不存在采用"到家O2O"模式的动机。

如图 4-21，位于 $0 \leq x \leq x_{AO1}$ 的消费者会选择自行前往零售商 A 的门店购买商品，因为这些消费者距离零售商 A 较近，需要支付配送费和承担等待成本的"到家 O2O"于他们来说并不是最佳选择；位于 $x_{AO1} < x \leq x_{ABO}$ 的消费者会选择通过"到家 O2O"的方式购买零售商 A 的商品，这些消费者距离零售商 A 较远，"到家 O2O"方式比需要自行前往 A 门店购买的传统购买方式更佳；位于 $x_{ABO} < x \leq x_{BO1}$ 的消费者会选择通过"到家 O2O"的方式购买零售商 B 的商品，这些消费者距离零售商 B 较远，"到家 O2O"方式比需要自行前往门店购买的传统购买方式更佳；位于 $x_{BO1} < x \leq 1$ 的消费者因距离零售商 B 较近，会选择前往 B 的门店购买商品，其中：

$$x_{AO1} = \frac{c_A}{t - w}, \quad x_{BO1} = \frac{c_B + w - t}{w - t},$$

$$x_{ABO} = \frac{\theta^2 v^2 (1 - \delta^2) + 2\theta v (\delta \cdot p_{BO2O} - p_{AO2O}) + 2(w + c_B - c_A)}{4w}。$$

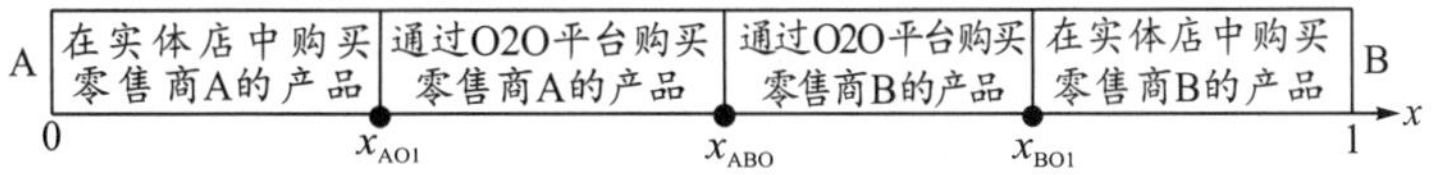

图 4-21　消费者在激进型定价策略下的购买决策

基于以上分析，将消费者总人数单位化为 1，可得两零售商的利润函数分别如下：

$$\Pi_{AO2O}(p_{AO2O}, c_A) = \int_0^{x_{AO1}} q_A^* \cdot p_{AO2O} \mathrm{d}x + \int_{x_{AO1}}^{x_{ABO}} (q_A^* \cdot p_{AO2O} + c_A - gx) \mathrm{d}x$$

(4-23)

$$\varPi_{BO2O}(p_{BO2O}, c_B) = \int_{x_{BO1}}^{1} q_B^* \cdot p_{BO2O} dx + \int_{x_{ABO}}^{x_{BO1}} [q_B^* \cdot p_{BO2O} + c_B - g(1-x)] dx$$

(4-24)

在激进型定价策略下，零售商 A 和 B 主要考虑如何制定商品的零售价格以及订单配送费，才能够有效夺取竞争对手的市场份额。因此零售商 A 和 B 需要分别对商品零售价格 p_{BO2O}、p_{AO2O} 及订单配送费 c_B、c_A 设置约束条件，使得 $x_{AO} \geqslant x_{BO}$，从而保证"到家 O2O"模式对竞争零售商的消费者具有足够吸引力，由 $x_{AO} \geqslant x_{BO}$ 可得：

$$p_{AO2O} \leqslant \frac{\theta^2 v^2 (\delta^2 + 1) - 2\theta v \delta \cdot p_{BO2O} - 2(c_A + c_B + w)}{2\theta v},$$

$$p_{BO2O} \leqslant \frac{\theta^2 v^2 (\delta^2 + 1) - 2\theta v \cdot p_{AO2O} - 2(c_A + c_B + w)}{2\delta\theta v}。$$

两零售商分别求解如下优化问题即可确定最优定价决策。

$$\max_{p_{AO2O}, c_A} \varPi_A(p_A, c_A),$$

$$\text{st. } p_{AO2O} \leqslant \frac{\theta^2 v^2 (\delta^2 + 1) - 2\theta v \delta \cdot p_B - 2(c_A + c_B + w)}{2\theta v}$$

(4-25)

$$\max_{p_{BO2O}, c_B} \varPi_{BO2O}(p_{BO2O}, c_B)$$

$$\text{st. } p_{BO2O} \leqslant \frac{\theta^2 v^2 (\delta^2 + 1) - 2\theta v \cdot p_A - 2(c_A + c_B + w)}{2\delta\theta v}$$

(4-26)

命题 4-9 在消费者偏好程度较高的零售商 A 和消费者偏好程度较低的零售商 B 同时采取"到家 O2O"模式的非对称竞争环境下，两零售商在激进型定价策略中的各相关定价决策与单位配送服务成本、以及消费者单位等待成本的大小有关。两零售商的均衡价格和利润见表 4-4，其中：

$$g_{\alpha j} = \frac{\theta^2 v^2}{2}(\delta^2 + 1) - 3w。$$

命题4-9首先表明，在激进型策略下，零售商 A 和零售商 B 在"到家 O2O"模式下的零售价格由零售商的单位配送服务成本 g 与消费者单位等待成本 w 两因素共同决定。不论消费者单位等待成本 w 和零售商的单位配送服务成本 g 较高或较低，消费者偏好程度较高的零售商 A 的均衡价格$p_{A_{ij}}^{*}$ ($i=1$, 2) 始终随 g 单调递增。此时，零售商 B 为了抢夺零售商 A 的市场份额，其零售价格设置始终低于零售商 A 的零售价格，但为了保证利润，其均衡价格$p_{B_{ij}}^{*}$ ($i=1$, 2) 也始终随 g 单调递增。其次，为了应对零售商 B 争夺市场份额，零售商 A 会根据消费者单位等待成本 w 和售商的单位配送服务成本 g 的情况及时调整其零售价格。另外，无论单位配送成本如何，零售商 A 和 B 在"到家 O2O"模式中的最优订单配送费都是 0，主要通过扩大市场规模来提高收益。当零售商 A 和 B 为消费者提供免费配送服务时，我们的模型显示将没有消费者前往门店购买产品，这对消费者养成使用"到家 O2O"模式的消费习惯起到了极大的促进作用。

表4-4 零售商采取激进型定价策略时均衡价格和利润

	激进型定价策略	
等待成本	(1) 当 $0<w<\dfrac{\theta^2 v^2 (1+\delta^2)}{6}$ 时	
配送服务成本	(1.1) 若 $0<g\leqslant g_{aj}$	(1.2) 若 $g_{aj}<g<2(t-w)$
均衡价格决策	$p_{A1j}^* = \dfrac{(g+2w)[\theta^2 v^2(1-\delta^2)+2g+6w]}{4\theta v(g+3w)}$ $p_{B1j}^* = \dfrac{(g+2w)[\theta^2 v^2(\delta^2-1)+2g+6w]}{4\delta\theta v(g+3w)}$ $c_A^*=0, c_B^*=0$	$p_{A2j}^* = \dfrac{\theta^2 v^2(w\delta^3+g+2w)+\delta(\theta^2 v^2-2w)(g+3w)}{2\theta v(\delta+1)(g+3w)}$ $p_{B2j}^* = \dfrac{\delta^3\theta^2 v^2(g+2w)+(\delta^2\theta^2 v^2-2w)(g+3w)}{2\delta\theta v(\delta+1)(g+3w)}+\dfrac{\theta^2 v^2}{2\delta\theta v}$ $c_A^*=0, c_B^*=0$
均衡利润	$\Pi_{A1j}^* = \dfrac{(g+4w)[\theta^2 v^2(1-\delta^2)+2g+6w]^2}{32(g+3w)^2}$ $\Pi_{B1j}^* = \dfrac{(g+4w)[\theta^2 v^2(\delta^2-1)+2g+6w]^2}{32(g+3w)^2}$	$\Pi_{A2j}^* = \left[\dfrac{\theta^2 v^2(\delta^3-1)-\delta(g+3w)}{2\theta v(\delta+1)(g+3w)}\right]\left\{-\dfrac{\theta^2 v^2}{2}[\delta^3(g+2w)+g+4w]+\delta(g+3w)(g+2w)+\theta^2 v^2\right\}$ $\Pi_{B2j}^* = \left[\dfrac{\theta^2 v^2(1-\delta^3)-g-3w}{2(\delta+1)^2(g+3w)^2}\right]\left\{-\dfrac{\theta^2 v^2}{2}[w(4\delta^3+6\delta^2+2)+g(\delta^3+2\delta^2+1)]+(g+3w)(g+2w-\theta^2 v^2)\right\}$
等待成本	(2) 当 $\dfrac{\theta^2 v^2(1+\delta^2)}{6}\leqslant w<\dfrac{t}{2}$ 时	
均衡价格决策	$p_{A2j}^* = \dfrac{\theta^2 v^2(w\delta^3+g+2w)+\delta(\theta^2 v^2-2w)(g+3w)}{2\theta v(\delta+1)(g+3w)}, p_{B2j}^* = \dfrac{\delta^3\theta^2 v^2(g+2w)+(\delta^2\theta^2 v^2-2w)(g+3w)}{2\delta\theta v(\delta+1)(g+3w)}+\dfrac{\theta^2 v^2}{2\delta\theta v}$, $c_A^*=0, c_B^*=0$	
均衡利润	$\Pi_{A2j}^* = \dfrac{1}{2(\delta+1)^2(g+3w)^2}\left[\dfrac{\theta^2 v^2(\delta^3-1)-\delta(g+3w)}{2}\right]\left\{-\dfrac{\theta^2 v^2}{2}[\delta^3(g+2w)+g+4w]+(\delta^2\theta^2 v^2-2w)(g+3w)(g+2w)+\theta^2 v^2\right\}$ $\Pi_{B2j}^* = \dfrac{1}{2(\delta+1)^2(g+3w)^2}\left[\dfrac{\theta^2 v^2(1-\delta^3)-g-3w}{2}\right]\left\{-\dfrac{\theta^2 v^2}{2}[w(4\delta^3+6\delta^2+2)+g(\delta^3+2\delta^2+1)]+(g+3w)(g+2w-\theta^2 v^2)\right\}$	

推论 4-10 在上述非对称竞争环境下,与传统零售模式下的零售价格相比,零售商 A 的激进型定价策略:

(1) 当消费者单位等待成本 w 满足 $0<w<\dfrac{\theta^2 v^2 (1+\delta^2)}{6}$ 时,若零售商单配送服务成本 g 满足 $0<g\leq g_{\alpha A_1}$,则 $p_{A_1}^* \leq p_{A_t}^*$;若 g 满足 $g_{\alpha A_1}<g\leq g_{\alpha j}$,则 $p_{A_{1j}}^* \geq p_{A_t}^*$;若 g 满足 $g_{\alpha j}<g\leq 2(t-w)$,则 $p_{A_{2j}}^* \leq p_{A_t}^*$;

(2) 当 w 满足 $\dfrac{\theta^2 v^2 (1+\delta^2)}{6}\leq w<\dfrac{\theta^2 v^2 (1+\delta)}{4\delta}$ 时,若 g 满足 $0<g\leq g_{\alpha A_2}$,则 $p_{A_{2j}}^* \leq p_{A_t}^*$;若 g 满足 $g_{\alpha A_2}<g<2(t-w)$,则 $p_{A_{2j}}^* > p_{A_t}^*$;

(3) 当 w 满足 $w\geq \dfrac{\theta^2 v^2 (1+\delta)}{4\delta}$ 时,则 $p_{A_{2j}}^* < p_{A_t}^*$ 恒成立,其中:

$$g_{\alpha A_1} = \dfrac{\delta^2 \theta^2 v^2 + \sqrt{\delta^4 \theta^4 v^4 - 4w\delta^2 \theta^2 v^2 + 8w\theta^2 v^2 + 4w^2} - 10w}{4},$$

$$g_{\alpha A_2} = \dfrac{w[12\delta w - \theta^2 v^2(2\delta^3 + 3\delta^2 + 1)]}{\theta^2 v^2(\delta+1) - 4\delta w}。$$

为了直观描述零售商 A 在上述非对称竞争环境下的激进型定价策略与传统零售定价策略的关系,给定 $v=1$,$\theta=0.7$,$\delta=0.8$,且分别在 $0<w<\dfrac{\theta^2 v^2 (1+\delta^2)}{6}$ 的条件下取 $w=0.05$,在 $\dfrac{\theta^2 v^2 (1+\delta^2)}{6}\leq w<\dfrac{\theta^2 v^2 (1+\delta)}{4\delta}$ 的条件下取 $w=0.23$,在 $w\geq \dfrac{\theta^2 v^2 (1+\delta)}{4\delta}$ 的条件下取 $w=0.3$,可得图 4-22。

情况一：$0 < w < \dfrac{\theta^2 v^2 (1+\delta^2)}{6}$

情况二：$\dfrac{\theta^2 v^2 (1+\delta^2)}{6} \leqslant w < \dfrac{\theta^2 v^2 (1+\delta)}{4\delta}$

情况三：$w \geqslant \dfrac{\theta^2 v^2 (1+\delta)}{4\delta}$

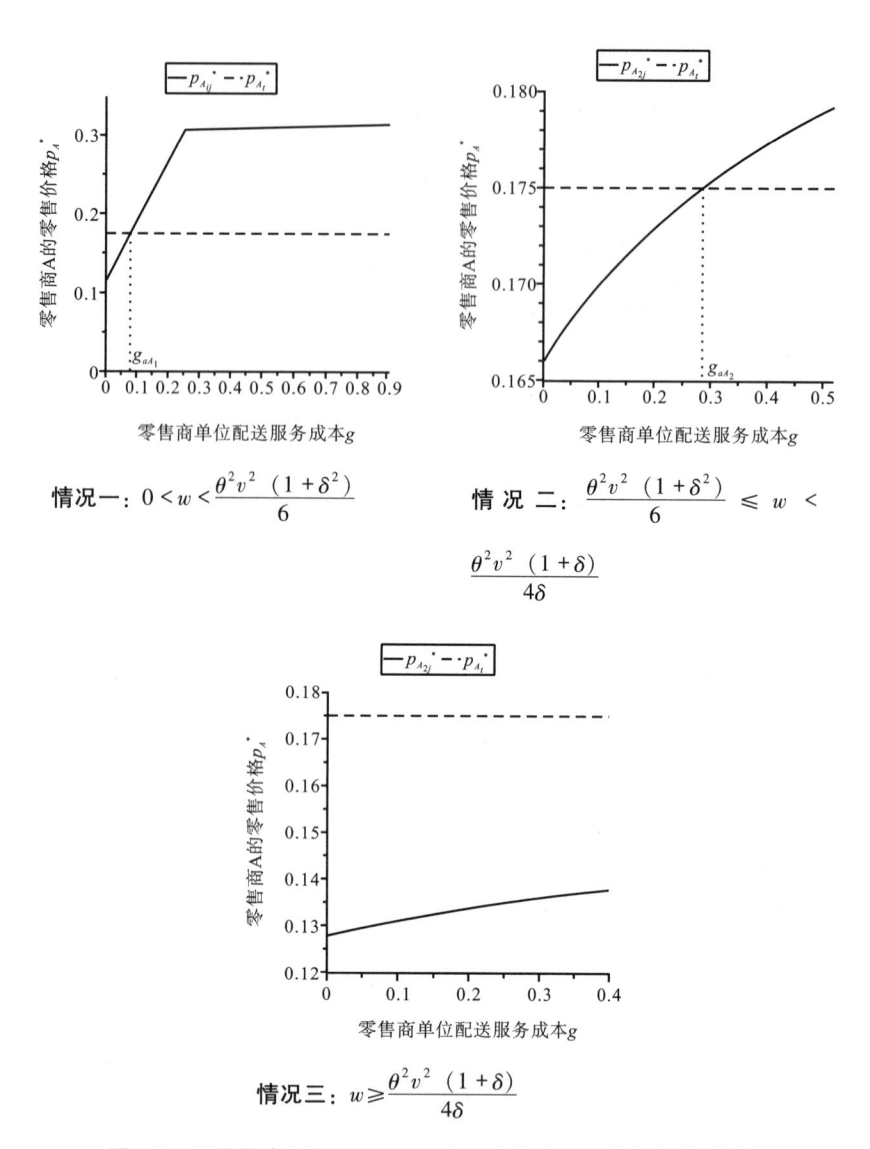

图 4-22　零售商 A 的激进型定价策略与传统零售定价策略对比

由上图可知，在上述非对称竞争环境中，当消费者的单位等待成本较低时，若零售商单位配送服务成本也较低，采用激进型定价策略的零售商 A 为了抢夺市场，其均衡价格会低于传统模式下的零售价格；若单位配送服务成本较高，零售商 A 的均衡价格随着单位配送服务成本的增加而增加，此时其均衡价格高于传统模式下的零售价格。当消费者单位等待成本较高时,此时采用激进型定价策略的零售商 A 为了引导消费者继续使用"到家 O2O",不论单位配送服务成本的高低,其均衡价格始终低于传统模式下的零售价格。

推论 4-11 在上述非对称竞争环境下,与传统零售模式下的零售价格相比,零售商 B 的激进型定价策略:

(1) 当消费对零售商 B 的偏好程度系数较低满足 $0<\delta\leqslant 0.77541$ 时,

(ⅰ) 若 w 满足:

$$0<w<\frac{\theta^2 v^2(\delta^2+1)}{6},$$

则可得出:

$$\begin{cases} p_{B_{1j}}^* < p_{B_t}^*, & 0<g<g_{\alpha B_1} \\ p_{B_{1j}}^* \geqslant p_{B_t}^*, & g_{\alpha B_1} \leqslant g \leqslant g_{\alpha j} \\ p_{B_{2j}}^* \geqslant p_{B_t}^*, & g_{\alpha j}<g<2(t-w) \end{cases};$$

(ⅱ) 若 w 满足:

$$w \geqslant \frac{\theta^2 v^2(\delta^2+1)}{6},$$

则可得出:

$$\begin{cases} p_{B_{2j}}^* \geqslant p_{B_t}^*, & 0<g<g_{\alpha B_2} \\ p_{B_{2j}}^* < p_{B_t}^*, & g_{\alpha B_2}<g<2(t-w) \end{cases};$$

(2) 当消费对零售商 B 的偏好程度系数 δ 满足 $0.77541<\delta\leqslant 1$ 时,

(ⅰ) 若 w 满足:

$$0<w<\frac{\theta^2 v^2(\delta^2+1)}{6},$$

则可得出：

$$\begin{cases} p_{B_{1j}}{}^* < p_{B_t}{}^*, & 0 < g < g_{\alpha B_1} \\ p_{B_{1j}}{}^* \geqslant p_{B_t}{}^*, & g_{\alpha B_1} \leqslant g \leqslant g_{\alpha j} \\ p_{B_{2j}}{}^* \geqslant p_{B_t}{}^*, & g_{\alpha j} < g < 2(t-w) \end{cases};$$

（ⅱ）若 w 满足 $\dfrac{\theta^2 v^2 (\delta^2+1)}{6} \leqslant w < \dfrac{\delta^2 \theta^2 v^2 (\delta+1)}{4}$，则 $p_{B_{2j}}{}^* \geqslant p_{B_t}{}^*$ 恒成立；

（ⅲ）若 w 满足：

$$w \geqslant \frac{\delta^2 \theta^2 v^2 (\delta+1)}{4},$$

则可得出：

$$\begin{cases} p_{B_{2j}}{}^* \geqslant p_{B_t}{}^*, & 0 < g < g_{\alpha B_2} \\ p_{B_{2j}}{}^* < p_{B_t}{}^*, & g_{\alpha B_2} < g < 2(t-w) \end{cases},$$

其中：

$$g_{\alpha B_1} = \frac{\theta^2 v^2 + \sqrt{\theta^4 v^4 - 4w\theta^2 v^2 + 8w\delta^2\theta^2 v^2 + 4w^2} - 10w}{4},$$

$$g_{\alpha B_2} = -\frac{w[12w - \theta^2 v^2(\delta^3 + 3\delta^2 + 2)]}{\delta^2 \theta^2 v^2(\delta-1) - 4w}。$$

为了直观呈现零售商 B 在上述非对称竞争环境下的激进型定价策略与传统零售定价策略的关系，给定 $v=1$，$\theta=0.7$，且分别在 $0<\delta\leqslant 0.77541$ 的条件下取 $\delta=0.7$，在 $0<w<\dfrac{\theta^2 v^2 (1+\delta^2)}{6}$ 的条件下取 $w=0.05$，在 $w\geqslant\dfrac{\theta^2 v^2 (1+\delta^2)}{6}$ 的条件下取 $w=0.15$；在 $0.77541<\delta\leqslant 1$ 的

条件下取 $\delta=0.8$，在 $0<w<\dfrac{\theta^2v^2(1+\delta^2)}{6}$ 的条件下取 $w=0.05$，在 $\dfrac{\theta^2v^2(\delta^2+1)}{6}\leqslant w<\dfrac{\delta^2\theta^2v^2(\delta+1)}{4}$ 的条件下取 $w=0.14$，在 $w\geqslant\dfrac{\delta^2\theta^2v^2(\delta+1)}{4}$ 的条件下取 $w=0.17$，可得图 4-23。

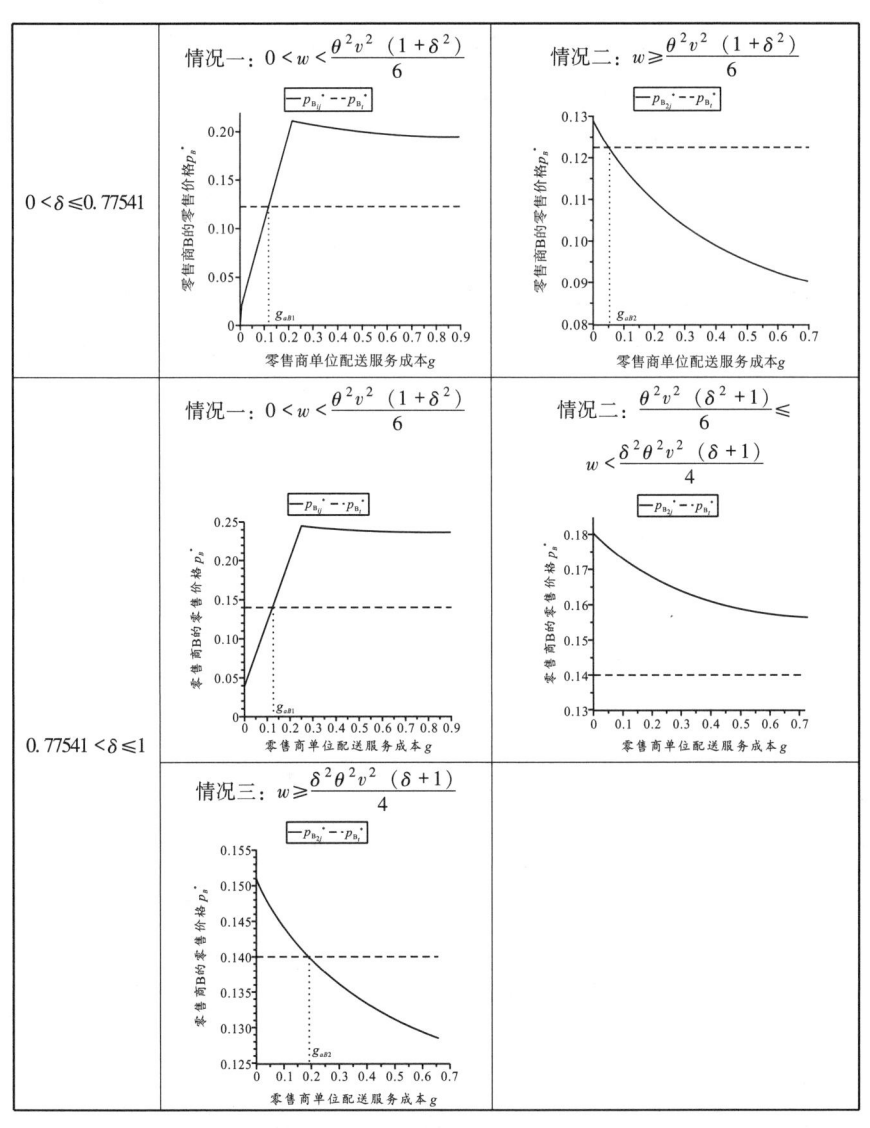

图 4-23 零售商 B 的激进型定价策略与传统零售定价策略对比

由上图可知，在上述非对称竞争环境中，当消费者的单位等待成本较低时，若零售商单位配送服务成本也较低，在激进型定价策略下，零售商 B 的均衡价格会低于其在传统模式下的零售价格；若单位配送服务成本较高，零售商 B 的均衡价格受单位配送服务成本的影响，高于传统模式下的零售价格。当单位等待成本较高时，处于竞争劣势的零售商 B 为了保留市场份额，其均衡价格会随着单位配送服务成本的升高而降低，当单位配送服务成本上升到一定程度时，零售商 B 的均衡价格低于传统模式下的零售价格。

推论 4-12 在激进型定价策略下，零售商 A 和 B 的均衡价格 $p_{A_{ij}}^*$ ($i=1,2$)，$p_{B_{1j}}^*$ 关于单位配送服务成本 g 单调递增，$p_{B_{2j}}^*$ 关于单位配送服务成本 g 单调递减。

为了验证激进型定价策略中单位配送服务成本 g 对零售商均衡价格的影响，给定 $v=1$，$\theta=0.7$，$\delta=0.7$，$t=0.5$，且分别在 $0<w<\dfrac{\theta^2 v^2(1+\delta^2)}{6}$ 的条件下取 $w=0.08$，在 $w\geqslant\dfrac{\theta^2 v^2(1+\delta^2)}{6}$ 的条件下取 $w=0.15$，可得图 4-24。

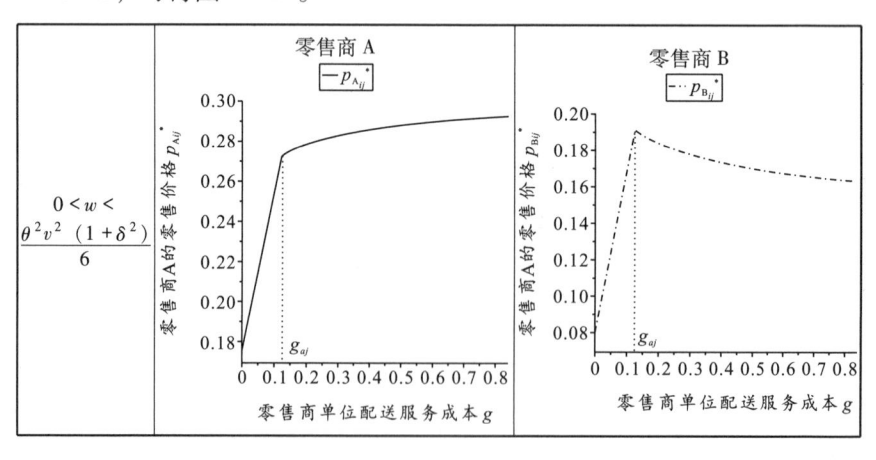

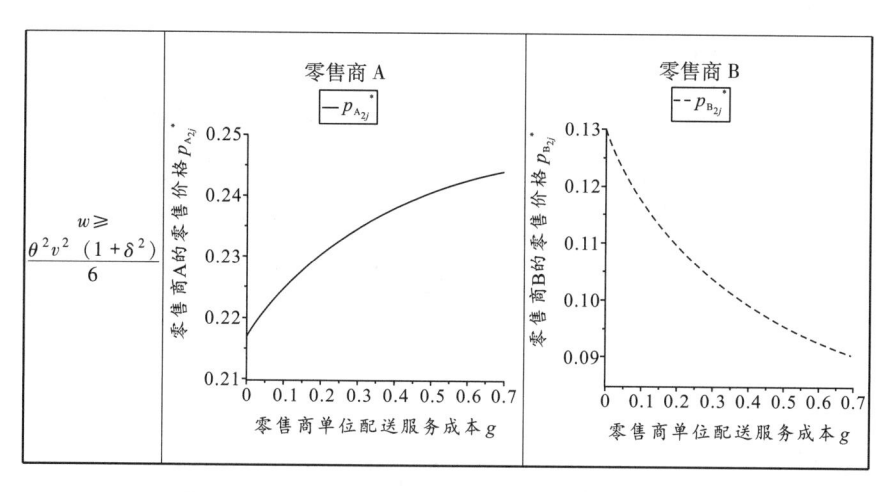

图 4-24 激进型定价策略下均衡价格的敏感性分析

图 4-24 描述了零售商采用激进型定价策略时，单位配送服务成本对均衡价格的影响。首先当消费者单位等待成本较低时，竞争优势零售商 A 的均衡价格始终随着单位配送服务成本的升高而升高。而对于竞争劣势零售商 B，在单位配送服务成本较低时，会适当地提高自己的均衡价格；当单位配送服务成本较高时，其不得不降低自己的均衡价格，以抢夺更多的市场份额。其次，当消费者单位等待成本较高时，竞争优势零售商 A 并不会降低其价格，且均衡价格随着单位配送服务成本的升高而升高；而竞争劣势零售商 B 不得不降低自己的零售价格以保持的自己的市场份额，此时零售商 B 的均衡价格随着单位配送服务成本的升高而降低。

命题 4-10 在消费者偏好程度较高的零售商 A 和消费者偏好程度较低的零售商 B 同时采取"到家 O2O"模式的非对称竞争环境下，若两零售商均选择激进型定价策略，则 $p_{A_{1j}}^* \geqslant p_{B_{1j}}^*$ 和 $p_{A_{2j}}^* \geqslant p_{B_{2j}}^*$ 恒成立。

为了比较零售商 A 和 B 在上述非对称竞争环境中采用激进型定价策略的均衡价格，给定 $v=1$，$\theta=0.7$，$\delta=0.7$，$t=0.5$，且分别在 $0 < w < \dfrac{\theta^2 v^2 (1+\delta^2)}{6}$ 情况下取 $w=0.08$，在 $w \geqslant \dfrac{\theta^2 v^2 (1+\delta^2)}{6}$ 下取 $w =$

0.15，可得图 4-25。

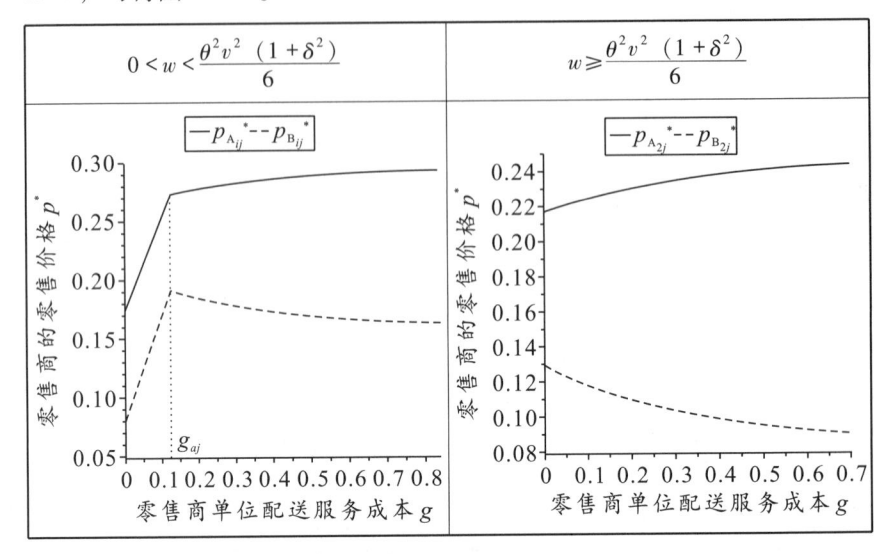

图 4-25　竞争零售商在激进型定价策略下的均衡价格比较

图 4-25 比较了零售商 A 和 B 在激进型定价策略中的均衡价格。由图可知，不论消费者单位等待成本和零售商单位配送服务成本的高低，处于竞争劣势的零售商 B 采用激进型策略时，其均衡价格始终低于零售商 A。

为了进一步在不对称环境下探索"到家 O2O"模式中保守型、激进型定价策略的盈利水平孰高孰低，给定 $v=1$，$\theta=0.7$，$t=0.5$，$w=0.1$，我们开展了如下数值实验，可得图 4-26。

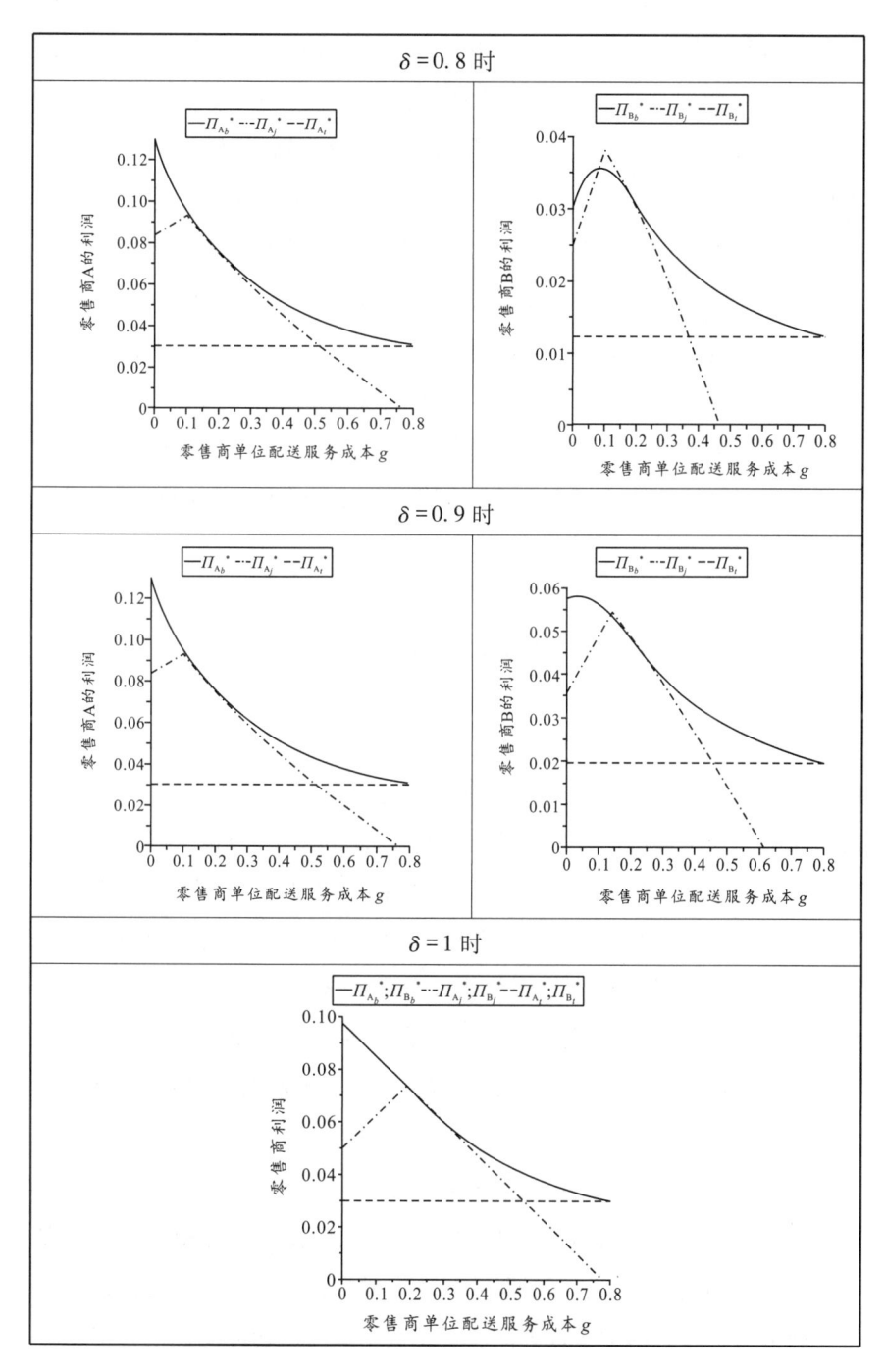

图 4-26 竞争零售商在保守型、激进型定价策略下的利润水平对比

在消费者偏好程度较高的零售商 A 和消费者偏好程度较低的零售商 B 同时采取"到家 O2O"模式的非对称竞争环境下，图 4-26 首先表明激进型定价策略为优势零售商 A 带来的利润始终低于保守型定价策略；然而劣势零售商在一定条件下却可以在激进型定价策略中获得比保守型定价策略更多的利润。其次，当消费者对零售商 B 的偏好程度被提高至与零售商 A 相同水平，或者当消费者对零售商 A 的偏好程度被降低至与零售商 B 相同水平即 $\delta=1$ 时，在对称的竞争环境下，对两竞争零售商来说，保守型定价策略始终优于激进型定价策略。

以上结论反应出在不对称的竞争环境下，竞争优势零售商偏好于保守型的定价策略，而竞争劣势零售商在一定条件下反而会倾向于激进型的定价策略。

4.3 "到家 O2O"模式下起送价格决策

"到家 O2O"模式在本地生活服务行业得以迅猛发展，首先离不开 O2O 平台的支持。O2O 平台不仅有效促进供需成功匹配，对 O2O 商务的支付与结算也提供了有力保障，甚至在商品配送环节也予以各种增值服务。得益于各 O2O 平台的帮助，消费者对"到家 O2O"的体验感大幅提升，所以零售商的"到家 O2O"业务对 O2O 平台的依赖程度越来越高。据新华网报道，众多商家对 O2O 平台不断上涨的佣金抽成费用叫苦连连。消费者在"到家 O2O"中的等待成本大幅度降低的同时，零售商需承担的配送服务成本却在升高，本节研究零售商如何通过设置起送价格提高利润。如图 4-27 所示，仅当单笔订单的消费金额达到一定的"价格门槛"，商家才向消费者提供配送服务，此价格门槛则称为"起送价格"。设置起送价格是 O2O 零售商用以抵消配送服务成本、保证盈利空间的主要手段。同时图 4-27 也显示，若设置起送价格，则零售商向消费者收取的配送费很低甚至免费。零配送费可以在很大程度上提升消费者在"到家 O2O"中的体验感，且结合我们在 4.2 节中所得结论即零配送费为零售商的最优订单配送价格决策，本节不再考虑配送费这一影响因素，主要以零售商在"到家O2O"中的起送价格为关注点。但如果在模型中考虑零售商向消费者收取配送费，即在消费者剩余函数中减去配送费，也不会影响最终模型结果。

图 4-27　成都地区"到家O2O"消费者用户手机截图

"到家O2O"模式在本地生活服务行业得以迅猛发展，其次离不开其独特的市场环境。一是买卖双方的本地化，可以保证配送服务的高效率。高配送效率使得消费者在"到家O2O"模式中的体验感愈加良好，4.2节中考虑的"与消费者距商家的距离成正比的等待成本"对消费者购买行为的影响逐渐减弱。二是交易商品种类越来越广泛几乎包含所有生活必需品，使得消费者对商品零售价格的敏感性逐渐减弱。随着城市生活节奏的加快，除交通成本以外，消费者自行前往零售商购买商品所需的精神成本、时间成本越来越高，如果"到家O2O"服务只收取较低的配送费甚至免配送费，那么消费者距商家的距离因素对消费者O2O购买行为的影响则逐渐减弱甚至消失。

市场环境迅速培养了消费者"到家O2O"的消费习惯，已具有"到家O2O"消费习惯的消费者不会考虑自行前往零售商购买商品。易观发布的《中国本地生活服务行业洞察2019H1》显示，2018年中国到家业务市场交易规模达到5644.3亿元，与上一年相比增长了1.37%。

2019年上半年，中国到家业务市场交易规模达3587.2亿元人民币，在本地生活服务中占比39.2%。在大规模补贴政策和夜宵、下午茶等外卖消费形式的多样化使得越来越多的消费者选择"叫外卖"这种便捷的餐饮方式。选择配送到家服务已然成为消费者的消费习惯，在较高效率、较高质量的配送服务下，消费者的地理位置及等待成本在本节中不作为影响消费者购买行为的主要因素，但零售商需承担的配送服务成本与消费者的地理位置有关。此外考虑到消费者对生活类商品的价格敏感程度较低，且生活类商品的零售价格大多由市场行业价格主导，所以我们在本节中将商品的零售价格视为外生变量。

假设市场上有两竞争零售商 A 和 B，分别坐落在单位线段的两端，分别以零售价格 p 出售某可替代的商品，要求消费者的单笔订单的消费金额达到起送价格 K_i（i = A，B）才向消费者履行订单配送服务，且平均单位配送成本为 g。为了简便，将商品的单位生产成本视为 0。考虑到消费者对零售商的偏好程度具有异质性，假设消费者对零售商 A 和 B 的偏好程度分别为 θ 和 $1-\theta$，且 θ 服从 0 到 1 之间的均匀分布即 $\theta \sim U[0,1]$。此外，消费者的位置 x 在单位直线上呈均匀分布即 $x \sim U[0,1]$，消费者根据对商品的估值及对零售商的偏好程度确定购买数量 q_i（i = A，B），根据商品零售价格 p 及起送价格 K_i（i = A，B）决定是否购买 A 或者 B 的商品。

假设消费者购买数量为 q_i 的商品可得效用 $\theta_i v q_i$，其中 v 是消费者对该类商品的估值，θ_i（i = A，B）表示消费者对零售商 i 的偏好程度。为了保证商品的市场需求非负，假设消费者对商品的估值 v 充分大，满足 $v \geq 2p$。虽然消费者在零售商 i 处购买商品 q_i 得到正的效用，但同时也需付出机会成本 $\frac{1}{2}q_i^2$，且该机会成本随着购买数量单增。因此根据商品带给消费者的边际效用递减原则，消费者在零售商 i 处购买数量为 q_i 的商品所得效用函数为：

第4章 竞争零售商"到家O2O"决策

$$u_i(q_i) = \theta_i v q_i - \frac{1}{2} q_i^2 \qquad (4-27)$$

显然消费者在零售商 i 处的最优购买数量为 $q_i^* = \theta_i v$，可见消费者对零售商偏好程度的异质性导致个人消费者的最优购买数量各不相同，且与其对零售商的偏好程度成正比。在"到家O2O"模式下，若个人消费者在零售商 i 处的订单消费金额超过起送价格 K_i 即 $pq_i^* \geqslant K_i$，则零售商对消费者免费提供送货到家服务。那么"到家O2O"模式产生的消费者剩余 $V_{iO2O}(q_i^*)$（i = A，B）分别为：

$$V_{AO2O}(q_A^*) = u_A(q_A^*) - pq_A^* \qquad (4-28)$$

$$V_{BO2O}(q_B^*) = u_B(q_B^*) - pq_B^* \qquad (4-29)$$

为了体现零售商在"到家O2O"模式中设置起送价格的重要性，我们先讨论不设置起送价格时零售商的利润情况。消费者在零售商 A 处购买商品的条件为 θ 满足 $\begin{cases} V_{AO2O}(q_A^*) \geqslant V_{BO2O}(q_B^*) \\ V_{AO2O}(q_A^*) \geqslant 0 \end{cases}$；在零售商 B 处购买商品的条件为 θ 满足 $\begin{cases} V_{AO2O}(q_A^*) < V_{BO2O}(q_B^*) \\ V_{BO2O}(q_B^*) \geqslant 0 \end{cases}$。可知当 $\theta \geqslant \frac{2p}{v}$ 时，消费者会选择购买零售商 A 的商品，且购买数量为 $q_A^* = \theta v$；当 $\theta \leqslant 1 - \frac{2p}{v}$ 时，消费者会选择购买零售商 B 的商品，且购买数量为 $q_B^* = (1-\theta)v$。两零售商的利润函数分别如下：

$$\Pi_{AO2O}^0 = \int_0^1 \int_{\frac{2p}{v}}^1 p \cdot q_A^* - gx \mathrm{d}\theta \mathrm{d}x \qquad (4-30)$$

$$\Pi_{BO2O}^0 = \int_0^1 \int_0^{1-\frac{2p}{v}} [p \cdot q_B^* - g(1-x)] \mathrm{d}\theta \mathrm{d}x \qquad (4-31)$$

命题4-11 若竞争零售商在"到家O2O"模式中不设置起送价格，则两零售商的利润为

$$\Pi_{AO2O}^0 = \Pi_{BO2O}^0 = \begin{cases} \dfrac{(v-2p)(vp+2p^2-g)}{2v}, & 2p \leq v \leq 4p \\ \dfrac{3}{8}pv - \dfrac{1}{4}g, & v > 4p \end{cases}。$$

命题 4-11 首先表明，竞争零售商在"到家 O2O"模式中不设置起送价格时，两零售商的利润是关于消费者对商品的估值 v 的分段函数。其次，零售商的利润关于单位配送成本 g 单调递减，可见零售商在"到家 O2O"模式中盈利的条件是单位配送成本足够低即满足 $\begin{cases} g \leq p(2p+v), & 2p \leq v \leq 4p \\ g \leq \dfrac{3}{2}pv, & v > 4p \end{cases}$，否则"到家 O2O"不能给零售商带来正的利润即 $\Pi_{iO2O}^0 \leq 0$。

但是，面对消费者对配送服务的高要求，以及 O2O 平台基于配送等服务对零售商的佣金抽成，零售商在"到家 O2O"中所需承担的单位配送成本极有可能长期居高不下且超过零售商在"到家 O2O"模式中盈利的阈值即 $\begin{cases} g > p(2p+v), & 2p \leq v \leq 4p \\ g > \dfrac{3}{2}pv, & v > 4p \end{cases}$。

因此，零售商迫切需要解决在单位配送成本较高的情况下如何提高"到家 O2O"模式盈利水平的问题。

接下来，考虑零售商 i 在"到家 O2O"模式中设置单笔订单的起送价格为 K_i，只有消费金额满足 $pq_i^* \geq K_i$ 且 $V_{iO2O}(q^*)$ 非负的消费者才会购买零售商 i 的商品。易知，消费者在零售商 A 处购买商品的条件 θ 需满足 $\begin{cases} V_{AO2O}(q_A^*) \geq V_{BO2O}(q_B^*) \\ V_{AO2O}(q_A^*) \geq 0 \\ p \cdot q_A^* \geq K_A \end{cases}$；在零售商 B 处购买商品的条件 θ 需满足 $\begin{cases} V_{AO2O}(q_A^*) < V_{BO2O}(q_B^*) \\ V_{BO2O}(q_B^*) \geq 0 \\ p \cdot q_B^* \geq K_B \end{cases}$。

为了保证零售商设置的起送价格K_i对消费者的购买行为产生有效影响，进一步假设起步价格满足$2p^2 \leqslant K_i \leqslant pv$，因为若$K_i$过小，对消费者的购买行为没有影响；而若$K_i$过大，则没有任何消费者会购买零售商$i$的商品。可知当$\theta \geqslant \dfrac{K_A}{v}$时，消费者会选择购买零售商 A 的商品，且购买数量为$q_A^* = \theta v$；当$\theta \leqslant 1 - \dfrac{K_B}{v}$时，消费者会选择购买零售商 B 的商品，且购买数量为$q_B^* = (1-\theta)v$。两零售商的利润函数分别如下：

$$\Pi_{AO2O}^{K_A}(K_A) = \int_0^1 \int_{\frac{K_A}{v}}^1 (p \cdot q_A^* - gx) \mathrm{d}\theta \mathrm{d}x \quad (4-32)$$

$$\Pi_{BO2O}^{K_B}(K_B) = \int_0^1 \int_0^{1-\frac{K_B}{v}} [p \cdot q_B^* - g(1-x)] \mathrm{d}\theta \mathrm{d}x \quad (4-33)$$

零售商i通过求解优化问题$\max_{K_i} \Pi_{iO2O}^{K_i}(K_i)$即可确定最优起送价格。

命题 4-12 当零售商的单位配送成本g满足$4p^2 \leqslant g \leqslant 2pv$时，则零售商$i$在"到家 O2O"模式下的最优起送价格为$K_i^* = \dfrac{1}{2}g$，最大化利润为$\Pi_{iO2O}^{K_i*} = \dfrac{(2pv-g)^2}{8pv}$。

命题 4-12 表明，零售商设置起送价格的条件与单位配送成本g的大小有关。在本模型中，竞争零售商 A 和 B 分别坐落在单位线段的两端，因此我们模型中的单位配送成本g实际则表示零售商 A 或 B 将商品配送至位置最远的顾客（即$x=1$或者$x=0$）所需的配送成本。当单位配送成本g低于$4p^2$时，零售商的最优起送价格不存在，且此时零售商无需设置起送价格就能在"到家 O2O"模式中盈利；当单位配送成本g较高超过$2pv$时，最优起送价格也不存在，此时零售商无法通过设置起送价格盈利；当单位配送成本g的取值满足$4p^2 \leqslant g \leqslant 2pv$时，零售商可以通过设置最优起步价格提高利润。

为了验证"到家O2O模式"下起送价格对零售商盈利能力的影响，给定 $p=1$，且分别在两种情况 $2p \leqslant v \leqslant 4p$ 和 $v > 4p$ 下取 $v=3$ 和 $v=5$，可得零售商 i 在"到家O2O"模式下设置起送价格前后盈利水平的变化趋势。

如图4-28，显示零售商 i 在"到家O2O"模式下设置起送价格可以提高利润，但总体上零售商利润随单位配送成本 g 单调递减，所以若零售商需承担的单位配送成本 g 过高，即使设置起送价格零售商也无法在"到家O2O模式"中盈利。如果单位配送成本过高，高到设置起送价格仍然无法在"到家O2O"中盈利，竞争零售商应该怎么办？我们将在4.4节讨论零售商的配送范围决策。

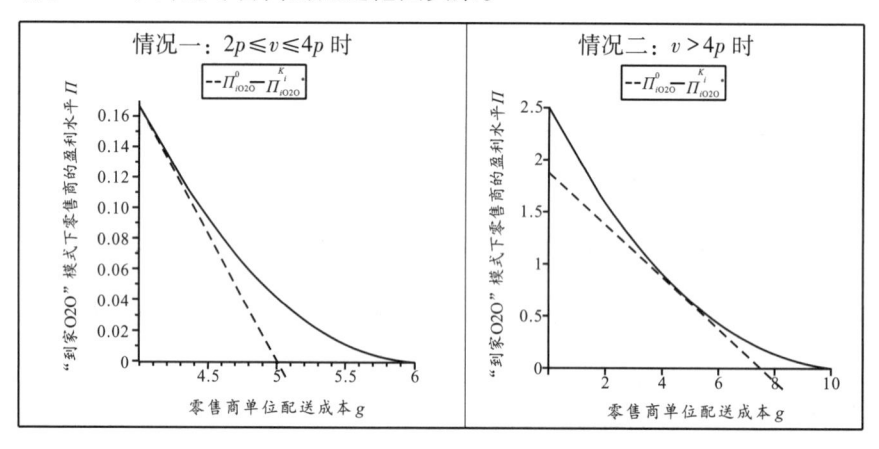

图4-28 零售商 i 在"到家O2O"模式下设置起送价格前后盈利水平的变化趋势

4.4 "到家O2O"模式下配送范围决策

当零售商所需承担的单位配送成本过高，高到设置起送价格都仍然无法保证其在"到家O2O"中盈利，如图4-29所示，限制配送范围是零售商应对单位配送成本过高的常见处理方法。

图 4-29 成都地区"到家 O2O"消费者用户手机截图

本节先讨论如果竞争零售商在"到家 O2O 模式"下只考虑限定配送范围，如何做出最优的配送范围决策。假设分别位于单位线段两端点的竞争零售商 i 在"到家 O2O"模式中分别限定其配送范围界限为 r_i（$0<r_i\leqslant1$，$i=A,B$），即零售商 A 只对位于 $[0, r_A]$ 的消费者提供配送服务，B 只对位于 $[r_B, 1]$ 的消费者提供配送服务，放弃配送范围以外的消费者。零售商 A 和 B 在"到家 O2O 模式"中可选择两种配送范围策略：一是保守型配送范围策略，二是激进型配送范围策略。在保守型配送范围策略下，零售商 A 和 B 的配送范围尽量避免重叠即 $r_A\leqslant r_B$，两零售商的配送服务处于较为缓和的竞争状态。在激进型配送范围策略下，零售商 A 和 B 的配送范围出现重叠，即 $r_A>r_B$，两零售商的配送服务处于较为激烈的竞争状态。下面探索两零售商在两种配送范围策略下的具体范围决策，以及解决如何合理选择配送范围策略的问题，并进一步启发两竞争零售商如何通过限定配送范围提高收益。

4.4.1 保守型配送范围决策

在保守型配送范围决策中，我们将两零售商的配送范围界限记为 r_i^b，（$i=A,B$）。沿用 4.3 中的参数设定，可知消费者选择在零售商 A

购买商品的条件为 $\begin{cases} V_{AO2O}(q_A^*) \geq V_{BO2O}(q_B^*) \\ V_{AO2O}(q_A^*) \geq 0 \\ 0 \leq x \leq r_A^b \end{cases}$,消费者选择在零售

商 B 购买商品的条件为 $\begin{cases} V_{AO2O}(q_A^*) < V_{BO2O}(q_B^*) \\ V_{BO2O}(q_B^*) \geq 0 \\ r_B^b \leq x \leq 1 \end{cases}$。

根据以上条件可得图 4-30,当消费者对零售商的偏好程度 θ 以及个人地理位置 x 满足分别相应条件时,消费者才会选择在零售商处购买商品。

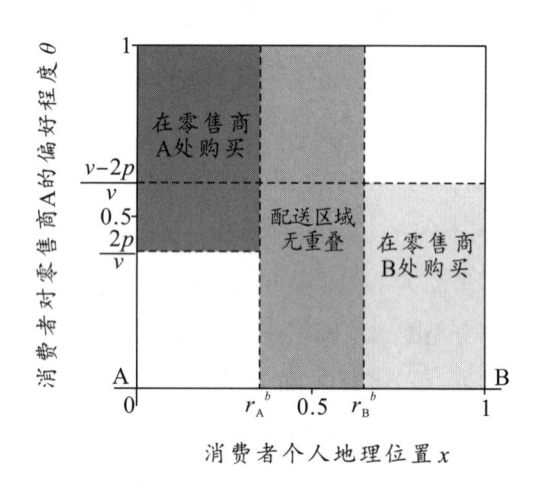

图 4-30 保守型配送范围策略下消费者购买决策图例

对零售商 A 偏好程度为 θ,距离 A 为 x 的消费者而言,当 $1 \geq \theta \geq \frac{2p}{v}$ 且 $0 < x \leq r_A^b$ 时,才会购买零售商 A 的商品,且购买数量为 $q_A^* = \theta v$,这位消费者为零售商 A 带来的收益为 $p \cdot q_A^* - gx$。则所有在零售商 A 处购买商品的顾客为零售商 A 带来的总收益为:

$$\Pi_{AO2O}^{r_A^b}(r_A^b) = \int_0^{r_A^b} \int_{\frac{2p}{v}}^{1} (p \cdot q_A^* - gx) \mathrm{d}\theta \mathrm{d}x \qquad (4-34)$$

对零售商 B 偏好程度为 $1-\theta$，距离 B 为 $1-x$ 的顾客，在 $0<\theta\leq\frac{v-2p}{v}$ 且 $x\leq r_B^b\leq 1$ 时，才会购买 B 的商品，且购买数量为 $q_B^*=(1-\theta)v$，这位消费者为零售商 B 带来的收益为 $p\cdot q_B^*-g(1-x)$。所有在 B 处购买商品的顾客为零售商 B 带来的总收益为：

$$\Pi_{BO2O}^{r_B^b}(r_B^b)=\int_{r_B^b}^{1}\int_{0}^{1-\frac{2p}{v}}[p\cdot q_B^*-g(1-x)]\mathrm{d}\theta\mathrm{d}x \quad (4-35)$$

零售商 i 通过求解优化问题 $\max_{r_i^b}\Pi_{iO2O}^{r_i^b}(r_i^b)$ 即可确定最优配送范围 r_i^{b*}。

命题 4-13 在保守型配送范围策略下，零售商 A 的最优配送范围为 $r_A^{b*}=\begin{cases}\frac{1}{2},\ 0<g\leq 2p^2+pv\\ \frac{p(2p+v)}{2g},\ g>2p^2+pv\end{cases}$，零售商 B 的最优配送范围为

$r_B^{b*}=\begin{cases}\frac{1}{2},\ 0<g\leq 2p^2+pv\\ 1-\frac{p(2p+v)}{2g},\ g>2p^2+pv\end{cases}$。

命题 4-13 表明，两竞争零售商在保守型配送范围策略下的最优配送范围与零售商在"到家 O2O 模式"中所需承担的单位配送成本 g 相关，当单位配送成本 g 足够小时，双方的保守型配送范围达到极限即单位线段的中点处。当单位配送成本 g 较高时，双方的配送范围各自集中在单位线段的两端不存在重叠区域，且零售商 A 的最优配送范围 $\left[0,\frac{p(2p+v)}{2g}\right]$ 与零售商 B 的最优配送范围 $\left[1-\frac{p(2p+v)}{2g},1\right]$ 的配送区间长度均关于单位配送成本 g 单调递减。

4.4.2 激进型配送范围决策

当竞争零售商的配送范围出现重叠区域时，位于重叠区域与非重叠

区域的消费者购买决策会出现差异。消费者购买决策会受到其对零售商偏好程度以及零售商配送范围的双重影响。在激进型配送范围决策中，我们将两零售商的配送范围界限记为r_i^j，($i=$A，B)。沿用4.3节中的参数设定，可知消费者选择在零售商A购买商品的条件为

$$\begin{cases} V_{AO2O}(q_A^*) \geq V_{BO2O}(q_B^*) \\ V_{AO2O}(q_A^*) \geq 0 \\ 0 \leq x \leq r_A^j \end{cases}$$，消费者选择在零售商B购买商品的条件为 $\begin{cases} V_{AO2O}(q_A^*) < V_{BO2O}(q_B^*) \\ V_{BO2O}(q_B^*) \geq 0 \\ r_B^j \leq x \leq 1 \end{cases}$。

当消费者对零售商的偏好程度 θ 以及个人地理位置 x 满足分别相应条件时，消费者才会选择在对应零售商处购买商品。根据消费者对商品的估值情况，其购买决策需如图4-31所示。

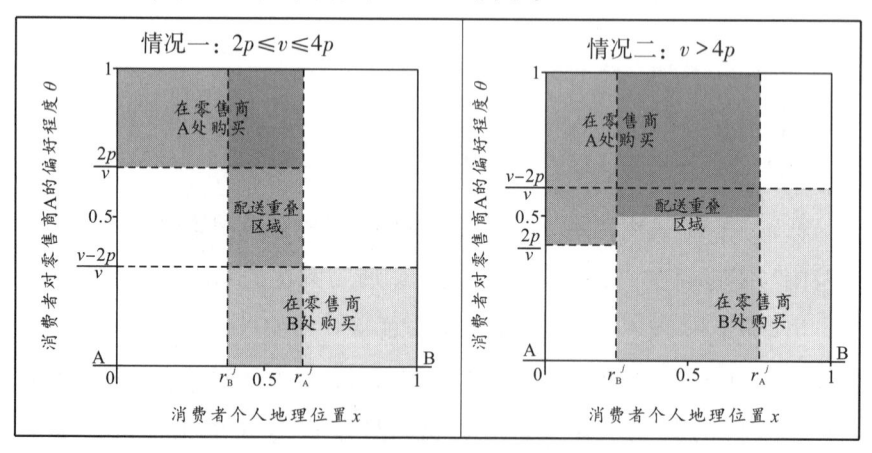

图4-31 激进型配送范围策略下消费者购买决策图例

情况一：消费者对商品的估值较低（即 $2p \leq v \leq 4p$），消费者对零售商A和B的偏好程度较极端，不存在同时偏好两零售商的消费者。如图4-31中左侧的二维平面图所示，某位对零售商A的偏好程度为 θ，距离零售商A为 x 的消费者，当 $1 \geq \theta \geq \dfrac{2p}{v}$ 且 $0 < x \leq r_A^j$ 时，才会购买

零售商 A 的商品，且购买数量为 $q_A^* = \theta v$，这位消费者为零售商 A 带来的收益为 $p \cdot q_A^* - gx$。则所有的在零售商 A 处购买商品的消费者为 A 带来的总收益为：

$$\Pi_{AO2O}^{r_A^j}(r_A^j) = \int_0^{r_A^j} \int_{\frac{2p}{v}}^1 (p \cdot q_A^* - gx) d\theta dx \qquad (4-36)$$

某位对零售商 B 的偏好程度为 $1-\theta$，距离零售商 B 为 $1-x$ 的消费者，当 $0 < \theta \le 1 - \frac{2p}{v}$ 且 $r_B^j \le x \le 1$ 时，才会购买零售商 B 的商品，且购买数量为 $q_B^* = (1-\theta)v$，这位消费者为零售商 B 带来的收益为 $pq_B^* - g(1-x)$。则所有的在零售商 B 处购买商品的消费者为 B 带来的总收益为：

$$\Pi_{BO2O}^{r_B^j}(r_B^j) = \int_{r_B^j}^1 \int_0^{1-\frac{2p}{v}} [p \cdot q_B^* - g(1-x)] d\theta dx \qquad (4-37)$$

情况二：消费者对商品的估值较高（即 $v > 4p$），消费者对零售商 A 和 B 的偏好差异程度较小，存在同时偏好两零售商的消费者。如图 4-31 中右侧的二维平面图所示，在配送重叠区域，消费者会选择产生较大消费者剩余的零售商处购买商品。则当 $\theta > \frac{1}{2}$ 时，消费者在零售商 A 处购买商品获得的消费者剩余大于在零售商 B 处购买商品获得的顾客剩余 [即 $V_{AO2O}(q_A^*) \ge V_{BO2O}(q_B^*)$]，此时顾客会选择在零售商 A 处购买商品。反之，顾客会选在零售商 B 处购买商品。然而在配送非重叠区域，消费者会选择在带来非负消费者剩余的零售商处购买商品。综上，某位对零售商 A 的偏好程度为 θ，距离零售商 A 为 x 的消费者，当

$$\begin{cases} \frac{2p}{v} < \theta \le 1 \\ 0 < x \le r_B^j \end{cases} \text{或} \begin{cases} \frac{1}{2} < \theta \le 1 \\ r_B^j < x \le r_A^j \end{cases}$$

时，才会购买零售商 A 的商品，且购买数量为 $q_A^* = \theta v$，这位顾客为零售商 A 带来的收益为 $p \cdot q_A^* - gx$。则所有的在零售商 A 处购买商品的消费者为 A 带来的总收益为：

$$\Pi_{AO2O}^{r_A^j}(r_A^j) = \int_0^{r_B^j}\int_{\frac{2p}{v}}^1 (p \cdot q_A^* - gx)\mathrm{d}\theta\mathrm{d}x + \int_{r_B^j}^{r_A^j}\int_{\frac{1}{2}}^1 (p \cdot q_A^* - gx)\mathrm{d}\theta\mathrm{d}x$$

(4-38)

某位对零售商 B 的偏好程度为 $1-\theta$，距离零售商 B 为 $1-x$ 的消费者，当 $\begin{cases}0<\theta\leqslant 1-\dfrac{2p}{v}\\r_A^j<x\leqslant 1\end{cases}$ 或 $\begin{cases}0<\theta\leqslant\dfrac{1}{2}\\r_B^j<x\leqslant r_A^j\end{cases}$ 时，才会购买零售商 B 的商品，且购买数量为 $q_B^* = (1-\theta)v$，这位顾客为零售商 B 带来的收益为 $p \cdot q_B^* - g(1-x)$。则所有的在零售商 B 处购买商品的消费者为 B 带来的总收益为：

$$\Pi_{BO2O}^{r_A^j}(r_A^j) = \int_{r_A^j}^1 \int_0^{1-\frac{2p}{v}} [p \cdot q_B^* - g(1-x)]\mathrm{d}\theta\mathrm{d}x$$
$$+ \int_{r_B^j}^{r_A^j}\int_0^{\frac{1}{2}} [p \cdot q_B^* - g(1-x)]\mathrm{d}\theta\mathrm{d}x \quad (4-39)$$

零售商 i 通过求解优化问题 $\max_{r_i^j}\Pi_{iO2O}^{r_i^j}(r_i^j)$ 即可确定最优配送范围 r_i^{j*}。

命题 4-14 在激进型配送范围策略下：

（1）当消费者对商品的估值较低满足 $2p\leqslant v\leqslant 4p$ 时，零售商 A 的最优配送范围为 $r_A^{j*} = \begin{cases}1,\ 0<g\leqslant p^2+\dfrac{1}{2}pv\\ \dfrac{p(2p+v)}{2g},\ p^2+\dfrac{1}{2}pv<g\leqslant 2p^2+pv\\ \dfrac{1}{2},\ g>2p^2+pv\end{cases}$，零售商 B 的

最优配送范围为 $r_B^{j*} = \begin{cases} 1, & 0 < g \leq p^2 + \dfrac{1}{2}pv \\ \dfrac{p(2p+v)}{2g}, & p^2 + \dfrac{1}{2}pv < g \leq 2p^2 + pv \\ \dfrac{1}{2}, & g > 2p^2 + pv \end{cases}$;

（2）当消费者对商品的估值较高满足 $v > 4p$ 时，竞争零售商在激进型配送范围策略下的最优配送范围为 $r_A^{j*} = \begin{cases} 1, & 0 < g \leq \dfrac{3}{4}pv \\ \dfrac{3pv}{4g}, & \dfrac{3}{4}pv < g \leq \dfrac{3}{2}pv \\ \dfrac{1}{2}, & g > \dfrac{3}{2}pv \end{cases}$ 和

$r_B^{j*} = \begin{cases} 1, & 0 < g \leq \dfrac{3}{4}pv \\ \dfrac{3pv}{4g}, & \dfrac{3}{4}pv < g \leq \dfrac{3}{2}pv \\ \dfrac{1}{2}, & g > \dfrac{3}{2}pv \end{cases}$ 。

命题 4-14 表明，两竞争零售商在激进型配送范围策略下的最优配送范围与消费者对商品的估值 v 以及零售商在"到家 O2O 模式"中所需承担的单位配送成本 g 双重相关，但是无论消费者对商品的估值 v 较低还是较高，竞争零售商都会在单位配送成本 g 足够小时将配送范围扩大至极限，为市场上每位消费提供配送服务即 $r_A^{j*} = 1$ 和 $r_B^{j*} = 0$，此时本质上就相当于不限定配送范围；随着单位配送成本 g 的增大，竞争零售商会逐渐缩小配送范围，且配送区间长度均关于 g 单调递减；直到单位配送成本 g 的足够高达到一定阈值，竞争双方分别将配送范围的界限设定为单位线段的中点处。

值得注意的是，若零售商在单位配送成本 g 足够小时将配送范围扩大至极限 $r_A^{j*} = 1$ 和 $r_B^{j*} = 0$，即表明零售商在"到家 O2O 模式"下无需考虑限定配送范围。

推论4-13 在激进型配送策略下，(1) 当消费者对商品的估值满足 $2p \leq v \leq 4p$ 且零售商的单位配送成本满足 $0 < g \leq p^2 + \frac{1}{2}pv$ 时，零售商 A 和 B 无需限定配送范围即 $r_A^{j\,*} = 1$ 和 $r_B^{j\,*} = 0$；(2) 当消费者对商品的估值满足 $v > 4p$ 且零售商的单位配送成本满足 $0 < g \leq \frac{3}{4}pv$ 时，零售商 A 和 B 无需限定配送范围即 $r_A^{j\,*} = 1$ 和 $r_B^{j\,*} = 0$。

推论4-13说明无论消费者对商品的估值如何，当单位配送成本 g 足够小时，零售商在"到家O2O"模式下无需限定配送范围。

4.4.3 保守型与激进型配送范围策略的比较

竞争零售商可以通过限定配送范围来提高"到家O2O模式"的收益，但是需要在保守型、激进型两种配送范围策略中做出适当选择。零售商选择适当策略的前提是进一步比较保守型配送策略下的盈利水平 $\Pi_{iO2O}^{r^b\,*}(r_i^b)$ 以及激进型配送策略下的盈利水平 $\Pi_{iO2O}^{r^j\,*}(r_i^j)$，可以得到命题4-15。

命题4-15 (1) 当消费者对商品的估值 v 较低，满足 $2p \leq v \leq 4p$ 时：若单位配送成本 g 满足 $0 < g \leq 2p^2 + pv$，零售商 i 在保守型配送策略下的利润低于激进型配送策略下的利润，即 $\Pi_{iO2O}^{r^b}(r_i^b) \leq \Pi_{iO2O}^{r^j}(r_i^j)$；反之，$\Pi_{iO2O}^{r^b}(r_i^b) > \Pi_{iO2O}^{r^j}(r_i^j)$；(2) 当消费者对商品的估值 v 较高，满足 $v > 4p$ 时，若单位配送成本 g 满足 $0 < g \leq p(p+v+\frac{1}{4}\sqrt{2v^2-4pv})$，零售商 i 在保守型配送策略下的利润低于激进型配送策略下的利润，即 $\Pi_{iO2O}^{r^b}(r_i^b) \leq \Pi_{iO2O}^{r^j}(r_i^j)$；反之，$\Pi_{iO2O}^{r^b}(r_i^b) > \Pi_{iO2O}^{r^j}(r_i^j)$。

命题4-15表明，零售商对于保守型、激进型配送策略的选择主要由消费者对商品的估值 v 以及零售商在"到家O2O模式"中所需承担的单位配送成本 g 两因素共同决定。从总体上看，无论消费者对商品的

估值 v 较高还是较低，在 g 较低时零售商应选择激进型配送策略，而在 g 较高时应选择保守型配送策略。

为了验证"到家 O2O 模式"限定配送范围对零售商盈利能力的影响，给定 $p=1$，且分别在 $2p \leqslant v \leqslant 4p$ 和 $v>4p$ 两种情况下取 $v=3$ 和 $v=5$，可得零售商 i 在"到家 O2O"模式下限定配送范围前后盈利水平的变化趋势，如图 4-32 所示。

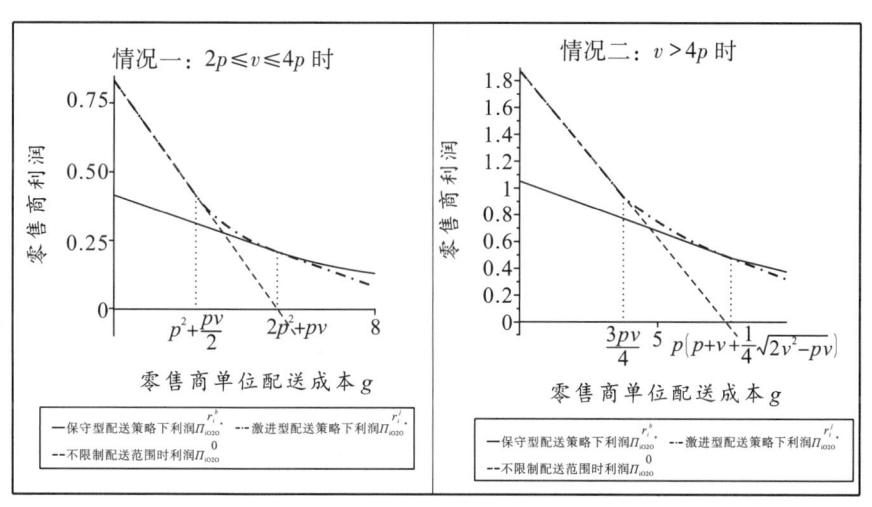

图 4-32　零售商 i 在"到家 O2O"模式下限定配送范围前后利润对比

图 4-32 显示，零售商 i 在"到家 O2O"模式下限定配送范围可以提高利润。单位配送成本 g 足够小时，零售商 i 在激进型配送策略下的利润与不限定配送范围时的利润重合，说明在激进型策略下竞争零售商双方的配送范围决策均是将配送范围扩大到极限。随着 g 的增加，在激进型策略下限定配送范围可以为零售商带来更多利润，但是当 g 超过一定阈值，在保守型策略下限定配送范围可以为零售商带来更多利润。

为了对零售商在"到家 O2O"模式中的配送范围策略做出实践指导，下面将保守型、激进型配送策略的适用条件以及具体决策内容总结至表 4-5 中。

表 4-5 详细罗列了配送范围策略的适用条件，表明各适用条件皆

用两个维度刻画：零售商需承担的单位配送成本 g 和消费者对商品的估值 v。零售商应该根据其单位配送成本 g 和消费者对商品的估值 v 的具体取值情况选择相应的配送范围策略。为了凸显本节结论的实践指导意义，基于零售商需承担的单位配送成本 g 和消费者对商品的估值 v 两个维度，我们绘制出零售商"到家O2O"配送范围策略选择导向图，如图4-33所示。

表4-5 "到家O2O"配送范围策略

适用条件	当 $2p \leq v \leq 4p$ 时		
	$0 < g \leq p^2 + \dfrac{1}{2}pv$	$p^2 + \dfrac{1}{2}pv < g \leq 2p^2 + pv$	$g > 2p^2 + pv$
零售商A配送范围策略	不限定配送范围	激进型	保守型
零售商B配送范围策略	不限定配送范围	激进型	保守型
适用条件	当 $v > 4p$ 时		
	$0 < g \leq \dfrac{3}{4}pv$	$\dfrac{3}{4}pv < g \leq p\left(p+v+\dfrac{1}{4}\sqrt{2v^2-4pv}\right)$	$g > p\left(p+v+\dfrac{1}{4}\sqrt{2v^2-4pv}\right)$
零售商A配送范围策略	不限定配送范围	激进型	保守型
零售商B配送范围策略	不限定配送范围	激进型	保守型

图中图例：
- $g=p^2+\dfrac{pv}{2}$
- $g=2p^2+pv$
- $g=\dfrac{3pv}{4}$
- $g=p\left(p+v+\dfrac{1}{2}\sqrt{v^2-4pv}\right)$
- 区域Ⅰ：不限定配送范围
- 区域Ⅱ：激进型配送策略
- 区域Ⅲ：保守型配送策略

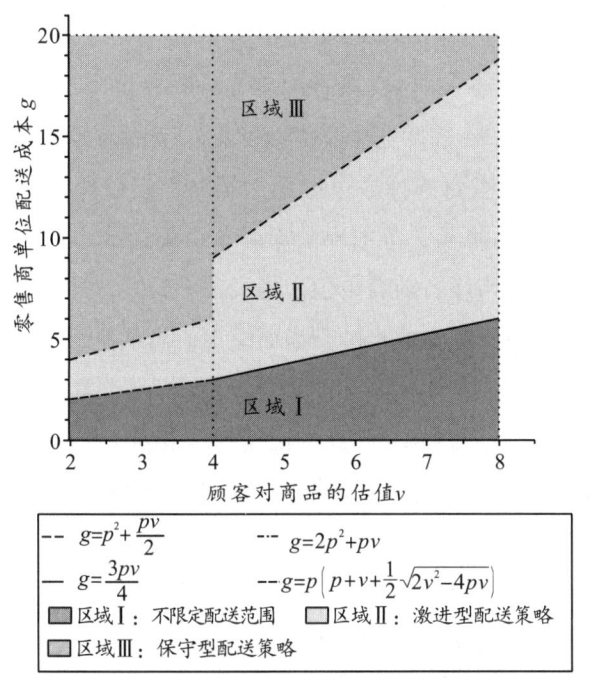

图4-33 仅限定配送范围策略选择导向图

如图4-33所示，在分别以消费者对商品估值v和单位配送成本g为横、纵轴的平面直角坐标系中，零售商可根据(g,v)的具体取值所属区域的建议进行配送策略选择。当(g,v)的取值位于区域Ⅰ内时，零售商承担的单位配送成本g足够低，采用"不限制配送范围"策略可获得的利润等于"激进型配送策略"的利润，且高于采用"保守型配送策略"的利润，所以建议零售商采取"不限定配送范围"的配送策略；当(g,v)的取值位于区域Ⅱ内时，采用"激进型配送策略"可获得的利润高于"保守型配送策略"和"不限定配送范围"策略，所以建议零售商选择"激进型配送策略"；当(g,v)的取值位于区域Ⅲ内时，零售商承担的单位配送成本g较高或消费者对商品估值v较低，此时若采用"激进型配送策略"或"不限制配送范围"策略会增加服务成本，反而降低利润，所以该情况下建议零售商采用"保守型配送策略"。

接下来，给定 $p=1$，且分别在 $2p \leqslant v \leqslant 4p$ 和 $v>4p$ 两种情况下取 $v=3$ 和 $v=5$，可得零售商 i 在两种配送范围策略下配送范围的变化趋势如图 4-34。图 4-34 表明竞争零售商的配送范围与零售商单位配送成本 g 的关系。若零售商选择激进型配送策略，当单位配送成本 g 较低时，零售商 A 和 B 的配送范围界限不受单位配送成本的限制，所以其配送范围覆盖整个市场；随着单位配送成本 g 升高，此时零售商 A 和 B 的配送范围随着单位配送成本的升高而缩小；当单位配送成本 g 上升到足够高时，受配送成本限制，零售商 A 和 B 的配送范围不再随单位配送成本变化，此时零售商 A 和 B 的配送范围相等。若零售商选择保守型配送策略，当单位配送成本 g 较低时，零售商 A 和 B 在保证配送区域不重叠的前提下会将自己的配送范围设置到最大，在该情况下，零售商 A 和 B 的配送范围相等，刚好瓜分整个市场；随着单位配送成本 g 的增加，零售商 A 和 B 会缩小各自的配送范围。

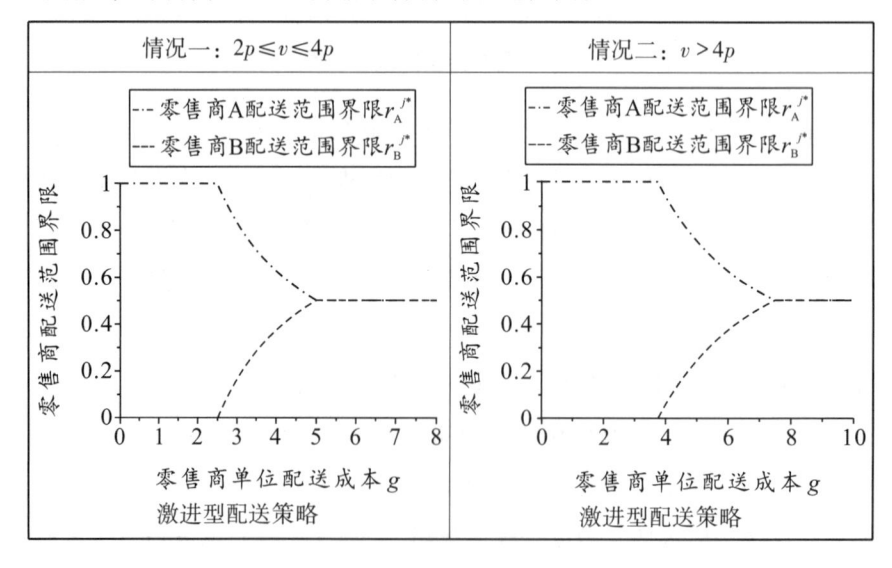

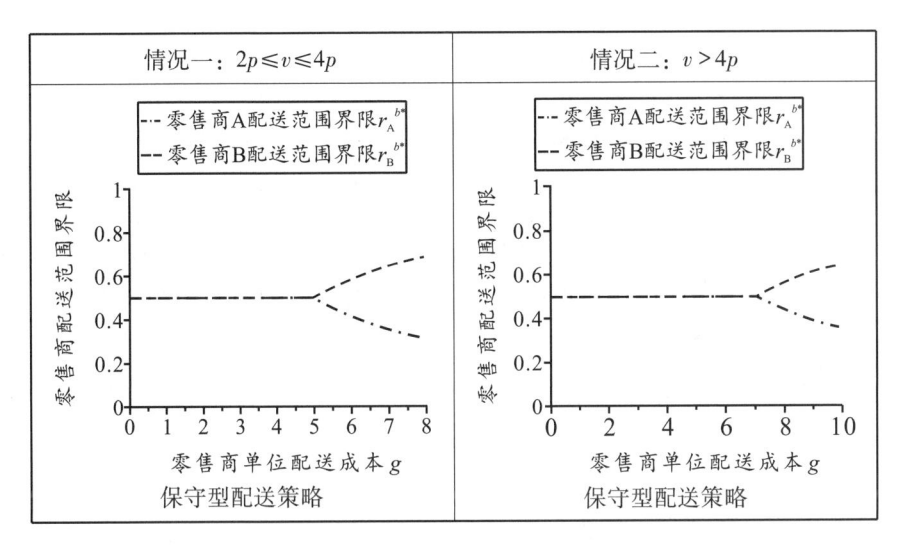

图 4-34 竞争零售商在两种配送范围策略下的配送范围决策

下面，我们将在 4.5 节讨论竞争零售商如果在"到家 O2O"模式中既设置起送价格又限定配送范围对企业盈利水平将产生什么影响。

4.5 "到家 O2O"模式下起送价格、配送范围综合决策

假设竞争零售商在"到家 O2O"模式下既限定配送范围界限又设置起送价格。在本节中，竞争零售商在"到家 O2O 模式"中仍然可选择两种配送范围策略：一是保守型配送范围策略，二是激进型配送范围策略。在保守型配送范围策略下，零售商 A 和 B 的配送范围尽量避免重叠，两零售商的配送服务处于较为缓和的竞争状态。在激进型配送范围策略下，零售商 A 和 B 的配送范围出现重叠区域，两零售商的配送服务处于较为激烈的竞争状态。下面分别探索两零售商在两种策略下如何综合制定起送价格和配送范围决策，探索竞争零售商如何同时利用配送范围和起送价格提高收益。

4.5.1 保守型配送范围及起送价决策

沿用4.3及4.4中的参数设定，竞争零售商在"到家O2O"模式中分别设置起送价格K_i，如4.3节所述，为了保证零售商设置的起送价格K_i对消费者的购买行为产生有效影响，进一步假设起步价格满足$2p^2 \leq K_i \leq pv$，因为若K_i过小对消费者的购买行为没有影响，而若K_i过大则没有任何消费者会购买零售商i的商品。在保守型配送范围决策中，我们将两零售商的配送范围界限记为r_i^{bk}，$(i=A, B)$。可知消费者选择在零售商A购买商品的条件为
$$\begin{cases} V_{AO2O}(q_A^*) \geq V_{BO2O}(q_B^*) \\ V_{AO2O}(q_A^*) \geq 0 \\ 0 \leq x \leq r_A^b \\ pq_A^* \geq K_A \end{cases}$$
，消费者选择在零售商B购买商品的条件为
$$\begin{cases} V_{AO2O}(q_A^*) < V_{BO2O}(q_B^*) \\ V_{BO2O}(q_B^*) \geq 0 \\ r_B^b \leq x \leq 1 \\ pq_B^* \geq K_B \end{cases}$$
。

根据以上条件可得图4-35，当消费者对零售商的偏好程度θ以及个人地理位置x满足分别相应条件，消费者才会选择在对应零售商处购买商品。

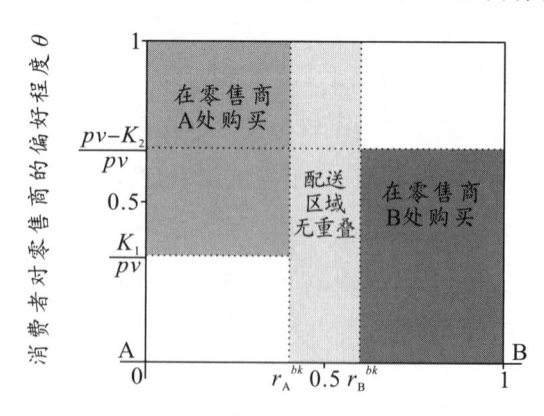

图4-35 保守型配送范围及起送价策略下消费者购买决策图例

某位对零售商 A 偏好程度为 θ，距离零售商 A 为 x 的消费者，在 $\frac{K_1}{pv} \leq \theta < 1$ 时，才会购买零售商 A 的商品，且购买数量为 $q_A^* = \theta v$，这位消费者为零售商 A 带来的收益为 $p \cdot q_A^* - gx$。所有在零售商 A 处购买商品的消费者为 A 带来的总收益为：

$$\Pi_{AO2O}^{r^{bk}}(K_A, r_A^{bk}) = \int_0^{r_A^{bk}} \int_{\frac{K_A}{pv}}^1 (p \cdot q_A^* - gx) \mathrm{d}\theta \mathrm{d}x \quad (4-40)$$

某位对零售商 B 偏好程度为 $1-\theta$，距离 B 为 $1-x$ 的消费者，在 $0 < \theta \leq \frac{pv - K_2}{pv}$，才会购买零售商 B 的商品，且购买数量为 $q_B^* = (1-\theta)v$，这位消费者为 R_2 带来的收益为 $p \cdot q_B^* - g(1-x)$。所有在零售商 B 处购买商品的消费者为 B 带来的总收益为：

$$\Pi_{BO2O}^{r^{bk}}(K_B, r_B^{bk}) = \int_{r_B^{bk}}^1 \int_0^{\frac{pv - K_B}{pv}} [p \cdot q_B^* - g(1-x)] \mathrm{d}\theta \mathrm{d}x \quad (4-41)$$

零售商 i 通过求解带约束的优化问题 $\max_{K_i, r_i^{bk}} \Pi_{iO2O}^{r^{bk}}(K_i, r_i^{bk})$，当 $2p^2 \leq K_i \leq pv$ 时即可确定最优起送价格 K_i^* 和配送范围界限 r_i^{bk*}。

命题 4-16 若竞争零售商在"到家 O2O"模式下选择保守型配送范围策略且设置起送价格，则有：

（1）当消费者对商品的估值 v 满足 $2p \leq v \leq 6 \cdot p$ 时，最优配送范围界限分别为 $r_A^{bk*} = \begin{cases} \frac{1}{2}, & 0 < g \leq 2p^2 + pv \\ \frac{2p^2 + pv}{2g}, & g > 2p^2 + pv \end{cases}$ 和 $r_B^{bk*} = \begin{cases} \frac{1}{2}, & 0 < g \leq 2p^2 + pv \\ 1 - \frac{2p^2 + pv}{2g}, & g > 2p^2 + pv \end{cases}$，最优起送价格分别为 $K_i^* = 2p^2$；

（2）当消费者对商品的估值 v 满足 $v > 6 \cdot p$ 时，最优配送范围界限

- 131 -

分别为 $r_A^{bk*} = \begin{cases} \frac{1}{2}, & 0 < g \leq \frac{4}{3}pv \\ \frac{2pv}{3g}, & g > \frac{4}{3}pv \end{cases}$ 和 $r_B^{bk*} = \begin{cases} \frac{1}{2}, & 0 < g \leq \frac{4}{3}pv \\ 1 - \frac{2pv}{3g}, & g > \frac{4}{3}pv \end{cases}$ ，最优起送

价格分别为 $K_i^* = \begin{cases} 2p^2, & 0 < g \leq 8p^2 \\ \frac{1}{4}g, & 8p^2 < g \leq \frac{4}{3}pv \\ \frac{1}{3}pv, & g > \frac{4}{3}pv \end{cases}$。

命题 4-16 表明，竞争零售商在采取保守型配送范围策略的同时可以采取起送价格策略，但是具体决策与消费者对商品的估值 v 与零售商所需承担的单位配送成本 g 的取值情况相关。根据命题 4-13 与命题 4-16 中的结果，我们比较竞争零售商在只采取保守型配送范围策略和同时采取保守型配送范围、起送价策略两种情况下的配送范围大小，我们得到命题 4-17。

命题 4-17 通过比较零售商在（1）只采取保守型配送范围策略和（2）同时采取保守型配送范围、起送价策略两种情况下的配送范围界限可得，当 $v > 6 \cdot p$ 时，$r_A^{b*} < r_A^{bk*}$ 与 $r_B^{b*} > r_B^{bk*}$ 恒成立。

命题 4-17 显示，当消费者对商品的估值充分大时，若竞争零售商在采取保守型配送范围策略的基础上还要设置起送价格，则会分别扩大配送范围。

为了直观展示命题 4-17 的结果，我们做了示意图，如图 4-36。

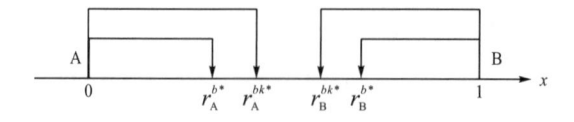

图 4-36 只采取保守型配送范围策略和同时采取保守型配送范围、起送价策略两种情况下的配送范围比较

如图 4-36 所示，若在保守型配送范围策略的基础上，零售商又设置起送价格，那么零售商 A 和 B 的配送范围都得到了扩大。下面，进

一步比较竞争零售商在只采取保守型配送范围策略和同时采取保守型配送范围、起送价策略的利润水平。

命题 4-18 通过比较零售商只采取保守型配送范围策略和同时采取保守型配送范围、起送价策略的利润 $\Pi_{iO2O}^{r_i^b}{}^*$ $(r_i^{b}{}^*)$ 和 $\Pi_{AO2O}^{r^{bk}}$ (K_i, r_i^{bk})，可得 $\Pi_{iO2O}^{r_i^b}{}^*(r_i^{b}{}^*) \leqslant \Pi_{AO2O}^{r^{bk}}{}^*(K_i, r_i^{bk})$ 恒成立。

命题 4-18 表明，与仅限定配送范围相比，竞争企业可以通过同时设置起送价格和限定配送范围在"到家 O2O"模式下实现更高的盈利水平。

4.5.2 激进型配送范围及起送价决策

当竞争零售商的配送范围出现重叠区域时，那么位于重叠区域与非重叠区域的消费者购买决策会出现差异。消费者购买决策会受到其对零售商偏好程度以及零售商配送范围的双重影响。沿用 4.3 及 4.4 中的参数设定，竞争零售商在"到家 O2O"模式中分别设置起送价格 K_i，如 4.3 节所述，为了保证零售商设置的起送价格 K_i 对消费者的购买行为产生有效影响，进一步假设起步价格满足 $2p^2 \leqslant K_i \leqslant pv$，因为若 K_i 过小，对消费者的购买行为没有影响；而若 K_i 过大则没有任何消费者会购买零售商 i 的商品。在激进型配送范围决策中，我们将两零售商的配送范围界限记为 r_i^{jk}，$(i=A, B)$。可知消费者选择在零售商 A 购买商品的条件

为 $\begin{cases} V_{AO2O}(q_A^*) \geqslant V_{BO2O}(q_B^*) \\ V_{AO2O}(q_A^*) \geqslant 0 \\ 0 \leqslant x \leqslant r_A^b \\ p \cdot q_A^* \geqslant K_A \end{cases}$，消费者选择在零售商 B 购买商品的

条件为 $\begin{cases} V_{AO2O}(q_A^*) < V_{BO2O}(q_B^*) \\ V_{BO2O}(q_B^*) \geqslant 0 \\ r_B^b \leqslant x \leqslant 1 \\ p \cdot q_B^* \geqslant K_B \end{cases}$。根据以上条件可知，消费者对

零售商的偏好程度 θ 以及个人地理位置 x 分别满足相应条件时，消费者才会选择在零售商处购买商品。在激进型配送策略下，零售商可以选择高起送价策略或者低起送价策略，消费者各种策略下的购买决策如图 4-37 所示。

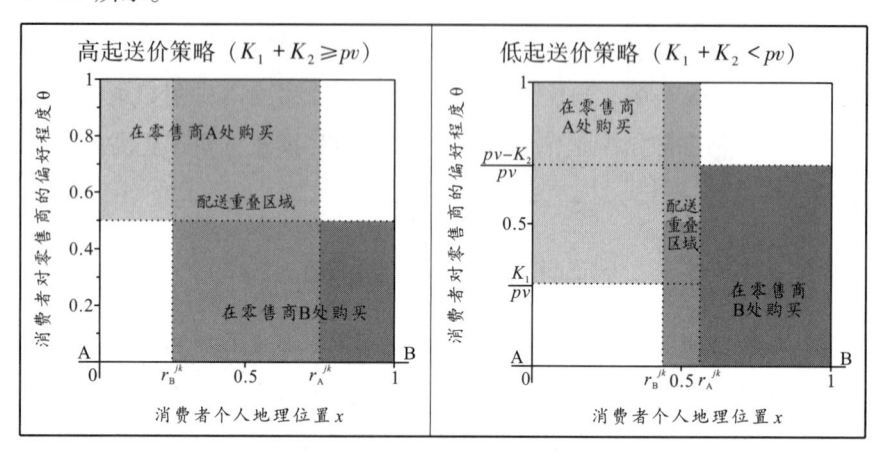

图 4-37 激进型配送范围及起送价策略下消费者购买决策图例

情况一（高起送价策略）：竞争零售商双方的起送价格较高满足 $K_1 + K_2 \geq pv$，消费者对零售商 A 和 B 的偏好程度差异较极端，不存在同时偏好两零售商的消费者。如图 4-37 中左侧的二维平面图所示，某位对零售商 A 的偏好程度为 θ，距离 A 为 x 的消费者，当 $1 \geq \theta \geq \dfrac{K_A}{pv}$ 且 $0 < x \leq r_A^{jk}$ 时，才会购买 A 的商品，且购买数量为 $q_A^* = \theta v$，这位消费者为零售商 A 带来的收益为 $p \cdot q_A^* - gx$。则所有的在零售商 A 处购买商品的消费者为 A 带来的总收益为：

$$\Pi_{AO2O}^{r_A^{jk}}(K_A, r_A^{jk}) = \int_0^{r_A^{jk}} \int_{\frac{K_A}{pv}}^1 p \cdot q_A^* - gx \mathrm{d}\theta \mathrm{d}x \quad (4-42)$$

某位对零售商 B 的偏好程度为 $1-\theta$，距离 B 为 $1-x$ 的消费者，当 $0 < \theta \leq \dfrac{pv - K_B}{pv}$ 且 $r_B^{jk} \leq x \leq 1$ 时，才会购买 B 的商品，且购买数量为 $q_B^* = (1-\theta)v$，这位消费者为零售商 B 带来的收益为 $p \cdot q_B^* -$

$g(1-x)$。则所有的在零售商 B 处购买商品的消费者为 B 带来的总收益为:

$$\Pi_{BO2O}^{r_B^{jk}}(K_B, r_B^{jk}) = \int_{r_B^{jk}}^{1} \int_{0}^{\frac{pv-K_B}{pv}} p \cdot q_B^* - g(1-x) \mathrm{d}\theta \mathrm{d}x \quad (4-43)$$

零售商 i 分别求解以下带约束优化问题即可确定该情形下的最优起送价格 K_i^* 和配送范围界限 $r_i^{jk\,*}$。

$$\max_{K_i, r_i^{jk}} \Pi_{iO2O}^{r_i^{jk}}(K_i, r_i^{jk}), st. \begin{cases} K_1 + K_2 \geqslant pv \\ 2p^2 \leqslant K_i \leqslant pv \end{cases} \quad (4-44)$$

命题 4-19 当消费者对商品的估值满足 $v \geqslant 4 \cdot p$ 时，竞争零售商在"到家 O2O"模式下可以同时选择激进型配送范围以及高起送价策略，最优配送范围界限分别为

$$r_A^{jk\,*} = \begin{cases} 1, & 0 < g \leqslant \frac{3}{4}pv \\ \frac{3pv}{4g}, & \frac{3}{4}pv < g \leqslant \frac{3}{2}pv \\ \frac{1}{2}, & g > \frac{3}{2}pv \end{cases}$$

$$r_B^{jk\,*} = \begin{cases} 0, & 0 < g \leqslant \frac{3}{4}pv \\ 1 - \frac{3pv}{4g}, & \frac{3}{4}pv < g \leqslant \frac{3}{2}pv \\ \frac{1}{2}, & g > \frac{3}{2}pv \end{cases}$$

最优起送价格分别为 $K_i^* = \frac{1}{2}pv$；

命题 4-19 表明，竞争零售商在采取激进型配送范围策略的同时可以采取高起送价格策略。但条件是消费者对商品的估值 v 足够大即 $v \geqslant$

4p，即保证消费者能够接受起送价格。若消费者对商品的估值 v 较低，设置起送价则没有意义，因为反而过度压低市场需求，过高的起送价甚至会导致没有消费者购买商品。

情况二（低起送价策略）：当竞争零售商双方的起送价格较低满足 $K_1 + K_2 < pv$，消费者对零售商 A 和 B 的偏好程度差异较小，存在同时偏好两个零售商的消费者。如图 4-37 中右侧的二维平面图所示，在配送重叠区域，消费者会选择在带来较大消费者剩余的零售商处购买商品。则当 $\theta > \frac{1}{2}$ 时，消费者在零售商 A 处购买商品获得的消费者剩余大于在零售商 B 处购买商品获得的顾客剩余 [即 $V_{AO2O}(q_A^*) \geq V_{BO2O}(q_B^*)$]，此时顾客会选择在零售商 A 处购买商品。反之，顾客会选在零售商 B 处购买商品。然而在配送非重叠区域，消费者会选择在带来非负消费者剩余的零售商处购买商品。综上，某位对零售商 A 的偏好程度为 θ，距离 A 为 x 的消费者，当 $\begin{cases} \frac{K_A}{pv} < \theta \leq 1 \\ 0 < x \leq r_B^{jk} \end{cases}$ 或 $\begin{cases} \frac{1}{2} < \theta \leq 1 \\ r_B^{jk} < x \leq r_A^{jk} \end{cases}$ 时，才会购买 A 的商品，且购买数量为 $q_A^* = \theta \cdot v$，这位顾客为零售商 A 带来的收益为 $p \cdot q_A^* - g \cdot x$。则所有在零售商 A 处购买商品的消费者为 A 带来的总收益为：

$$\Pi_{AO2O}^{r_A^{jk}}(K_A, r_A^{jk}) = \int_0^{r_B^{jk}} \int_{\frac{K_A}{pv}}^1 p \cdot q_A^* - gx d\theta dx + \int_{r_B^{jk}}^{r_A^{jk}} \int_{\frac{1}{2}}^1 p \cdot q_A^* - gx d\theta dx$$

(4-45)

某位对零售商 B 的偏好程度为 $1-\theta$，距离 B 为 $1-x$ 的消费者，当 $\begin{cases} 0 < \theta \leq \frac{pv - K_B}{pv} \\ r_A^{jk} < x \leq 1 \end{cases}$ 或 $\begin{cases} 0 < \theta \leq \frac{1}{2} \\ r_B^{jk} < x \leq r_A^{jk} \end{cases}$ 时，才会购买 B 的商品，且购买数量为 $q_B^* = (1-\theta)v$，这位顾客为零售商 B 带来的收益为 $p \cdot q_B^* -$

$g(1-x)$。则所有的在零售商 B 处购买商品的消费者为 B 带来的总收益为：

$$\Pi_{\text{BO2O}}^{r_{\text{B}}^{jk}}(K_{\text{B}}, r_{\text{A}}^{jk}) = \int_{r_{\text{A}}^{jk}}^{1} \int_{0}^{\frac{pv-K_{\text{B}}}{pv}} pq_{\text{B}}^{*} - g(1-x) \, \text{d}\theta \text{d}x$$

$$+ \int_{r_{\text{B}}^{jk}}^{r_{\text{A}}^{jk}} \int_{0}^{\frac{1}{2}} pq_{\text{A}}^{*} - g(1-x) \, \text{d}\theta \text{d}x \quad (4-46)$$

零售商 i 分别求解以下带约束优化问题即可确定该情形下的最优起送价格 K_i^* 和配送范围界限 r_i^{jk*}。

$$\max_{K_i, r_i^{jk}} \Pi_{i\text{O2O}}^{r_i^{jk}}(K_i, r_i^{jk}), st. \begin{cases} K_1 + K_2 \leqslant pv \\ 2p^2 \leqslant K_i \leqslant pv \end{cases} \quad (4-47)$$

命题 4-20 消费者对商品的估值满足 $v \geqslant 4p$ 时，竞争零售商在"到家 O2O"模式下可以同时选择激进型配送范围以及低起送价策略，最优配送范围界限和最优起送价格由消费者对商品的估值以及零售商所需承担的单位配送成本共同决定，均衡决策见表 4-6。

命题 4-20 表明，竞争零售商在采取激进型配送范围策略的同时可以采取低起送价格策略，但条件是消费者对商品的估值 v 足够大即 $v \geqslant 4p$，否则无法设置有效的起送价格。

表 4-6 激进型配送范围以及低起送价策略下的均衡决策

	(1) $4p \leqslant v \leqslant \frac{16}{3}p$				
	$0 < g \leqslant \frac{3}{4}pv$	$\frac{3}{4}pv < g \leqslant \frac{3}{2}pv$	$\frac{3}{2}pv < g \leqslant 8p^2$	$8p^2 < v \leqslant 2pv$	$v > 2pv$
r_{A}^{jk*}	1	$\frac{3pv}{4g}$	$\frac{1}{2}$	$\frac{1}{2}$	$\frac{1}{2}$
r_{B}^{jk*}	0	$1 - \frac{3pv}{4g}$	$\frac{1}{2}$	$\frac{1}{2}$	$\frac{1}{2}$
$K_i^* (i=A, B)$	$2p^2$	$2p^2$	$2p^2$	$\frac{1}{4}g$	$\frac{1}{2}pv$

续表4-6

	(2) $v > \frac{16}{3}p$				
	$0 < g \leq \frac{3}{4}pv$	$\frac{3}{4}pv < g \leq 4p^2 + \frac{3}{4}pv$	$4p^2 + \frac{3}{4}pv < g \leq \frac{3}{2}pv$	$\frac{3}{2}pv < v \leq 2pv$	$v > 2pv$
$r_A^{jk}{}^*$	1	$\frac{3pv}{4g}$	$\frac{3pv}{4g}$	$\frac{1}{2}$	$\frac{1}{2}$
$r_B^{jk}{}^*$	0	$1 - \frac{3pv}{4g}$	$1 - \frac{3pv}{4g}$	$\frac{1}{2}$	$\frac{1}{2}$
$K_i^*(i=A,B)$	$2p^2$	$2p^2$	$\frac{1}{2}g - \frac{3}{8}pv$	$\frac{1}{4}g$	$\frac{1}{2}pv$

根据命题4-14、命题4-19与命题4-20中的结果，我们比较竞争零售商在只采取激进型配送范围策略和同时采取激进型配送范围、高或者低起送价策略两种情况下的配送范围大小，我们得到命题4-21。

命题4-21 通过比较零售商在（1）只采取激进型配送范围策略和（2）同时采取激进型配送范围、以及高或低起送价策略两种情况下的配送范围界限可得，$r_A^j{}^* = r_A^{jk}{}^*$ 与 $r_B^j{}^* = r_B^{jk}{}^*$ 恒成立。

命题4-21表明，如果竞争零售商在采取激进型配送策略的同时也采取起送价策略，则设置起送价格并不会影响零售商的配送范围。然而，这与保守型配送策略情形有所不同，设置起送价格反而会扩大零售商在保守型配送策略下的配送范围。

以上研究结果表明，竞争零售商在"到家O2O"模式中如果采取激进型配送范围策略，那么还可以同时选择高起送价格和低起送价格策略。但如何在高、低起送价格策略中做出最优选择，还需要进一步比较各策略的盈利水平，得到命题4-22。

命题4-22 零售商同时采取激进型配送范围和低起送价策略的利润恒大于同时采取激进型配送范围和高起送价策略时的利润。

命题4-22的结果表明，在激进型配送范围策略下，零售商如果想要再增设起送价格，则应该选择低起送价策略。若给定$p=1$，且分别在 $4p \leq v \leq \frac{16}{3}p$ 和 $v > \frac{16}{3}p$ 两种情况下取 $v=5p$ 和 $v=6p$，可得零售商i在同时采取激进型配送范围和低起送价策略以及同时采取激进型配送范围和高起送价策略时的利润关系,如图 4-38。

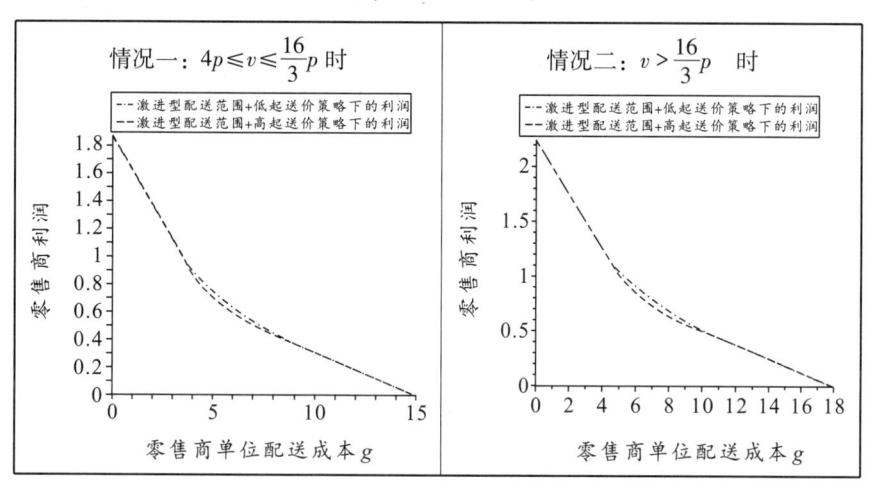

图 4-38 零售商 i 在激进型配送策略时设定高、低起送价格的利润对比

由命题 4-22 可知,"激进型配送范围+低起送价"策略占优于"激进型配送范围+高起送价"策略。下面进一步比较"激进型配送范围+低起送价"策略与"保守型配送范围+起送价"策略的盈利水平。

命题 4-23 (1) 若 $4p \leqslant v \leqslant \frac{16}{3}p$,则一定存在一点 $g_1 > 0$,使得当 $0 < g \leqslant g_1$ 时,有 $\Pi_{iO2O}^{rbk*}(K_i, r_i^{bk}) \leqslant \Pi_{iO2O}^{rjk*}(K_i, r_i^{jk})$,反之 $\Pi_{iO2O}^{rbk*}(K_i, r_i^{bk}) > \Pi_{iO2O}^{rjk*}(K_i, r_i^{jk})$;

(2) 若 $\frac{16}{3}p < v \leqslant 6p$,则一定存在一点 $g_2 > 0$,使得当 $0 < g \leqslant g_2$ 时,有 $\Pi_{iO2O}^{rbk*}(K_i, r_i^{bk}) \leqslant \Pi_{iO2O}^{rjk*}(K_i, r_i^{jk})$,反之 $\Pi_{iO2O}^{rbk*}(K_i, r_i^{bk}) > \Pi_{iO2O}^{rjk*}(K_i, r_i^{jk})$;

(3) 若 $v > 6p$,则一定存在一点 $g_3 > 0$,使得当 $0 < g \leqslant g_3$ 时,有 $\Pi_{iO2O}^{rbk*}(K_i, r_i^{bk}) \leqslant \Pi_{iO2O}^{rjk*}(K_i, r_i^{jk})$,反之 $\Pi_{iO2O}^{rbk*}(K_i, r_i^{bk}) > \Pi_{iO2O}^{rjk*}(K_i, r_i^{jk})$,其中 $g_1 = p(p + v + \frac{1}{4}\sqrt{2v^2 - 4pv})$,

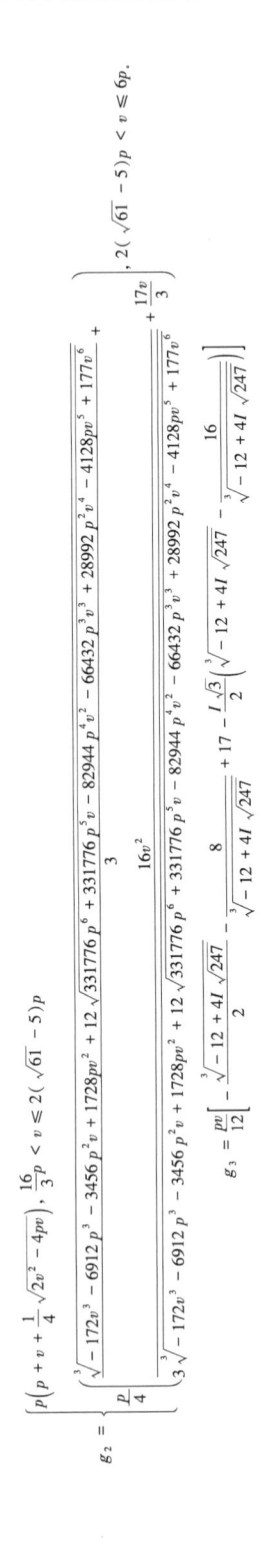

$$g_2 = \begin{cases} p\left(p + v + \dfrac{1}{4}\sqrt{2v^2 - 4pv}\right), & \dfrac{16}{3}p < v \leq 2(\sqrt{61} - 5)p \\[2ex] \dfrac{p}{4}\left[\dfrac{\sqrt[3]{-1720^3 - 6912p^3 - 3456p^2v + 1728pv^2 + 12\sqrt{331776p^6 + 331776p^5v - 82944p^4v^2 - 66432p^3v^3 + 28992p^2v^4 - 4128pv^5 + 177v^6}}}{3} + \\ \quad \dfrac{16v^2}{3\sqrt[3]{-1720^3 - 6912p^3 - 3456p^2v + 1728pv^2 + 12\sqrt{331776p^6 + 331776p^5v - 82944p^4v^2 - 66432p^3v^3 + 28992p^2v^4 - 4128pv^5 + 177v^6}}} + \dfrac{17v}{3}\right], & 2(\sqrt{61} - 5)p < v \leq 6p. \end{cases}$$

$$g_3 = \dfrac{pv}{12}\left[\dfrac{\sqrt[3]{-12 + 4I\sqrt{247}}}{2} - \dfrac{8}{\sqrt[3]{-12 + 4I\sqrt{247}}} + 17 - \dfrac{I\sqrt{3}}{2}\left(\sqrt[3]{-12 + 4I\sqrt{247}} - \dfrac{16}{\sqrt[3]{-12 + 4I\sqrt{247}}}\right)\right]$$

命题 4-23 表明，如果市场条件允许竞争零售商在"激进型配送范围 + 低起送价"策略与"保守型配送范围 + 起送价"策略中做选择，那么无论消费者对商品的估值 v 如何，竞争零售商都应该在单位配送成本 g 较小时优先选择"激进型配送范围 + 低起送价"策略，在 g 较大时优先选择"保守型配送范围 + 起送价"策略。若给定 $p=1$，且分别在 $4p \leqslant v \leqslant \frac{16}{3}p$，$\frac{16}{3}p < v \leqslant 6p$ 和 $v > 6p$ 三种情况下取 $v=5p$，$v=\frac{17}{3}p$ 和 $v=8p$，可得零售商 i 采取"激进型配送范围 + 低起送价"策略与"保守型配送范围 + 起送价"策略的利润关系，如图 4-39。

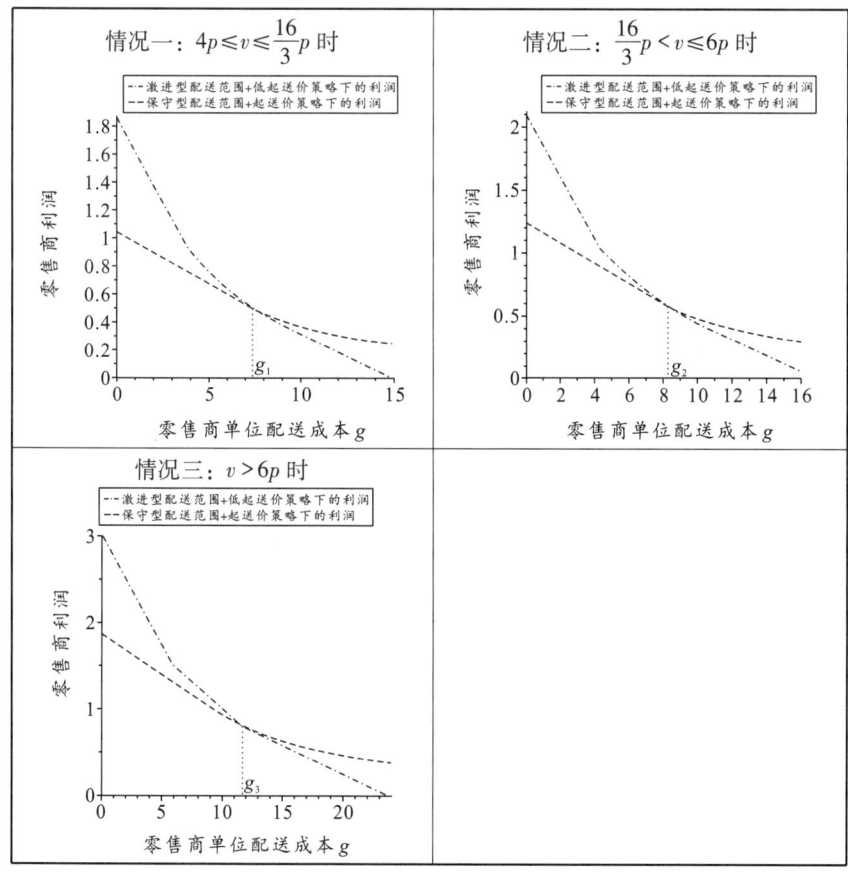

图 4-39 零售商 i 采取"激进型配送范围 + 低起送价"策略与"保守型配送范围 + 起送价"策略利润对比

如图 4-39 所示，如果消费者对商品的估值超过阈值 $v \geq 4p$，则既可以在激进型配送策略基础上增加起送价格，也可以在保守型配送策略基础上增加起送价格。但是无论消费者对商品的估值 v 的大小如何，竞争零售商都应该在单位配送成本 g 较小时优先选择"激进型配送范围+低起送价"策略，在 g 较大时优先选择"保守型配送范围+起送价"策略。

此外值得注意的是，并不是任何市场条件都允许竞争零售商既可以在激进型配送策略基础上增加起送价格，也可以在保守型配送策略基础上增加起送价格。例如当消费者对商品的估值满足 $2p \leq v < 4p$ 时，零售商只能在保守型配送策略基础上增加起送价格，此时消费者对商品的估值比较低，在激进型配送策略基础上增加的最优起送价格消费者无法承受。

为了突显 4.3 至 4.5 节研究结论为零售商提供的实践指导意义，基于零售商需承担的单位配送成本 g 和消费者对商品的估值 v 两个维度，我们绘制出零售商"到家O2O"策略选择导向图，如图 4-40。

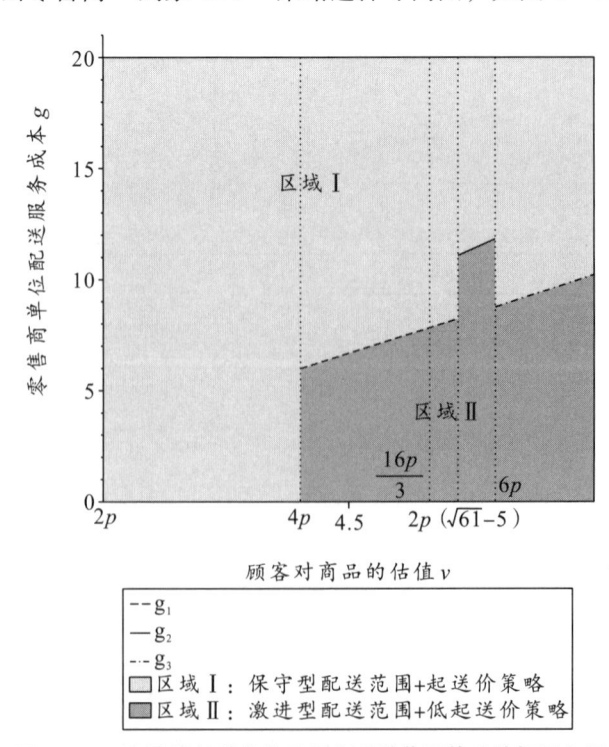

图 4-40 既设置起送价格又限定配送范围策略选择导向图

如图 4-40 所示，在分别以消费者对商品估值 v 和单位配送成本 g 为横、纵轴的平面直角坐标系中，零售商可根据 (g, v) 的具体取值所属区域的建议进行策略选择。当 (g, v) 的取值位于区域 I 内时，建议零售商采取"保守型配送范围 + 起送价格策略"；当 (g, v) 的取值位于区域 II 内时，建议零售商采取"激进型配送范围 + 低起送价格策略"。

4.6 模型结果评述

4.6.1 结果评述（一）

在 4.1 和 4.2 节两节中，我们在考虑消费者对零售商的偏好程度具有异质性的非对称情形下，分别讨论了两个竞争零售商在传统零售模式和"到家 O2O"模式中的定价问题。提出在"到家 O2O"模式下，零售商可以选择"保守型定价"和"激进型定价"两种定价策略。

通过对仅有劣势零售商采取"到家 O2O"模式和两竞争零售商同时采取"到家 O2O"模式两种情形的深入研究，得到一系列研究结果。第一种情形下，无论选择保守型还是激进型定价策略，劣势零售商采取"到家 O2O"模式在一定条件下皆能获得比优势零售商更高的利润，由此充分证实"到家 O2O"模式的有效性；且建议劣势零售商在单位配送服务成本较低时，优先选择激进型定价策略，反之选择保守型定价策略。在第二种情形下，竞争优势零售商偏好于保守型的定价策略，而竞争劣势零售商在一定条件下反而会倾向于激进型的定价策略。同时我们还发现，不论采用保守型还是激进型定价策略，"免配送费"都是零售商的最优订单配送费策略。

通过调研四川省生活服务类企业在 O2O 平台上的配送信息，如图 4-41 所示，"免配送费"的确是众多商家采取的价格策略。此外，以上模型结果成立的前提条件是零售商所承担的单位配送成本足够低，但是"到家O2O"的发展需要配套更高效率、更高水平的配送服务。在配送服务的基础建设投入产生规模效益之前，高效率、高水平的配送服务无法避免不菲的成本，那么零售商在"到家O2O"模式中应如何应对·基于对"到家O2O"市场的进一步调研，面临无法忽视的配送成本，我们需要继续建立模型研究竞争零售商如何通过设置起送价格、限制配送范围等手段提高利润。

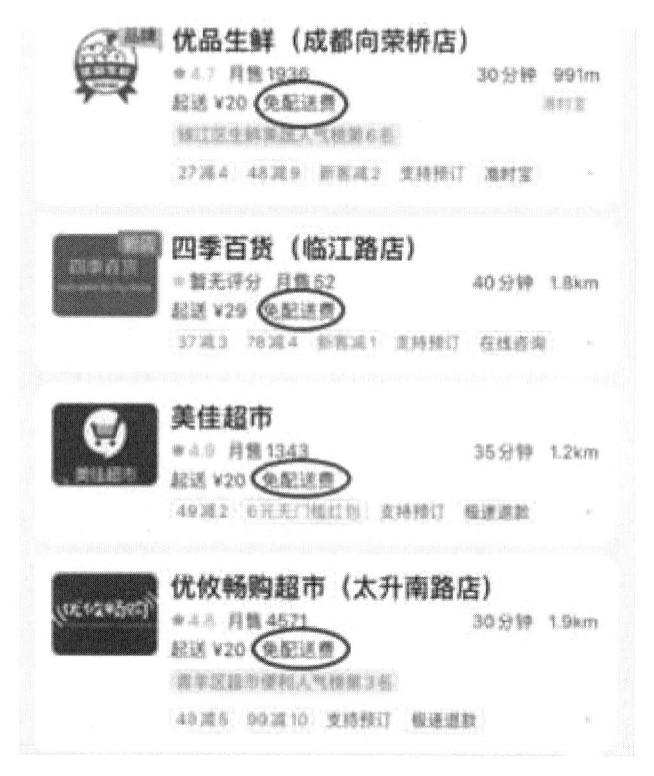

图4-41　成都地区"到家O2O"消费者用户手机截图

4.6.2 结果评述（二）

在 4.3、4.4、4.5 三节中，我们在考虑消费者对零售商的偏好程度具有异质性的情形下分别讨论了竞争零售商在"到家 O2O"模式中起送价格以及配送范围问题，提出三种策略："设置起送价格策略"、"限制配送范围策略"以及"设置起送价格且限制配送范围策略"，且详细讨论各策略中的具体决策及各策略的适用条件。

通过调研四川省生活服务类企业在 O2O 平台上的起送价格、配送范围信息，如图 4-42 所示"设置起送价格策略"、"限制配送范围策略"以及"设置起送价格且限制配送范围策略"的确是众多商家采取的策略。说明我们的研究对象切合实际的市场环境，关于零售商如何选择最佳策略的研究结果具有较强的实践指导意义。

图 4-42 成都地区"到家 O2O"消费者用户手机截图

研究结果显示，各策略的适用条件不尽相同，需要基于零售商需承担的单位配送成本和消费者对商品估值两个维度加以区分。为了便于指导零售商快速准确的选择最佳策略,我们绘制了"到家O2O"策略选择导向图(图4-33、4-40),建议零售商根据单位配送成本和消费者对商品估值的具体取值情况选择对应策略。当竞争零售商仅优化配送范围时,图4-33显示,若单位配送成本较低,不论消费者对商品的估值如何,建议零售商选择"不限制配送范围策略";若单位配送成本较高,不论顾客对商品的估值如何,建议零售商下选择"保守型配送范围策略";其他情况,则建议零售商选择"激进型配送范围策略"。当竞争零售商同时优化起送价格和配送范围时,图4-40显示,若顾客对商品的估值较高且单位配送成本较低,建议零售商选择"激进型配送范围+低起送价策略";其他情况,则建议零售商选择"保守型配送范围+起送价格策略"。

4.6.3 评述小结

如图4-43所示,我们在第4章中考虑消费者对零售商的偏好程度具有异质性的情况,将消费者的地理位置、对零售商的偏好程度同时作为影响其购买行为的主要因素。4.1和4.2节分别研究了竞争零售商在传统模式和"到家O2O"模式下的零售价格决策以及配送费决策,提出零售商可以选择两种零售商价格策略:"保守型定价策略"和"激进型定价策略",且"免配送费"始终是零售商的最优订单配送费策略。研究结论进一步对零售商如何选择占优定价策略提出了具体的导向建议。

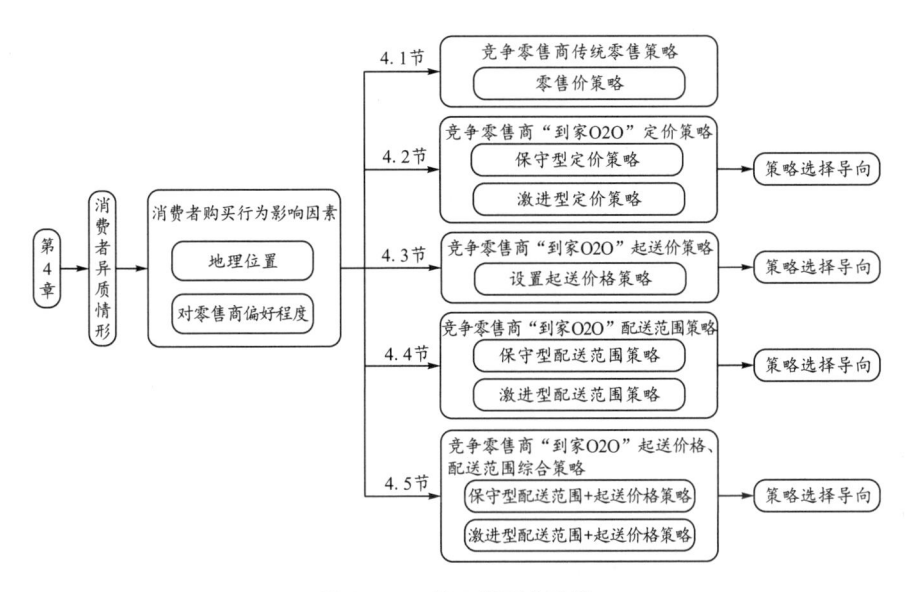

图 4-43　第 4 章研究路线

4.3、4.4 和 4.5 节分别研究了两个竞争零售商的起送价格及配送范围决策。分析零售商在"到家 O2O"模式中的如下三种情形下的最优决策:"仅设置起送价格""仅限定配送范围""既设置起送价格又限定配送范围"。研究结果表明,零售商在"既设置起送价格又限定配送范围"情形下的盈利水平高于前两者,且存在三种策略可选择:"保守型配送范围+起送价格"、"激进型配送范围+高起送价格"和"激进型配送范围+低起送价格"策略。各策略的各适用条件不尽相同,研究结论对零售商如何选择占优策略提出了具体建议。

第 5 章
四川省生活服务类企业"到家O2O"决策现状及建议

5.1 "到家O2O"生活服务类企业的普遍特征

加入"到家O2O"模式的生活服务类企业，绝大多数为提供外卖服务的餐饮企业，所以提供外卖服务的餐饮企业是本书组的重点关注对象。基于对"美团外卖"平台的行业报告的深入分析，以及对平台内商家数据进行广泛调研（调研数据见附录表1），发现"到家O2O"生活服务类企业的普遍特征主要体现在消费者与商家的平均交易金额和企业经营类别两方面。

5.1.1 客单价较低

客单价即每一位消费者或单笔订单的平均交易金额。较低的客单价与"到家O2O"模式下主要消费群体的消费能力和消费习惯密切相关。根据2022年外卖行业分析中美团外卖数据，"90后"是外卖最大的消费群体，占比超过50%，消费频次较高，最为集中的两个年龄段为18~25岁、26~30岁，占比分别为36.1%、22.5%。"70后""80后"的消费能力更强，单均30元以上的外卖消费比例远高于"90后"。一方面因消费能力，年轻消费者对外卖产品的要求为果腹、适当美味、高性价比，所以更倾向于快餐简餐、米粉/米线以及奶茶果汁等客单价相对较低的商品品类。另一方面不同于70后、80后偏好群体、家庭或多人聚餐的就餐形式，90后、00后更加独立、倾向于"一人食"就餐场景。京东发布的《2022即享食品消费趋势报告》显示，餐饮业2021年"一人食"产品数量同比增长超1倍。如图5-1所示，2021年度"一人食"订单占套餐总量的55%，同比增长86%。一人食增长迅猛，甚至强势蔓延至其他餐饮品类。由此可见，由年轻一代掌舵的"孤独经济"也使得外卖市场的客单价相对较低。

用餐人数

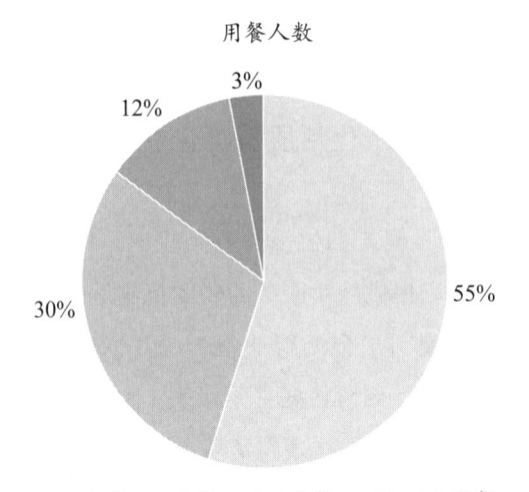

□1人餐 ■2人餐 ■3-4人餐 ■5人以上聚餐

图5-1 美团外卖消费者用户用餐人数分布（数据来源：2021年10月美团数据）

5.1.2 快餐便当、龙虾烧烤、米粉面馆等企业数量排名靠前

本书组成员对"美团外卖"平台的商家数据进行广泛调研（调研数据见附录表1），进一步对全国31个省市的本地生活服务类企业数量进行统计，结果如表5-1所示。

表5-1 全国31个省和直辖市"到家O2O"模式的生活服务类企业数量（单位：家）

省份	城市	定位	排名第一	排名第二	排名第三	排名第四	排名第五
四川	成都	春熙路步行街	龙虾烧烤903	快餐便当826	米粉面馆617	川湘菜600	火锅串串538
重庆	重庆	解放碑	龙虾烧烤429	火锅串串364	川湘菜255	快餐便当221	米粉面馆161
上海	上海	上海外滩华尔道夫酒店	快餐便当562	龙虾烧烤466	米粉面馆388	地方菜系374	特色小吃311
深圳	深圳	深圳会展中心	快餐便当574	米粉面馆427	龙虾烧烤353	地方菜系336	特色小吃286
广东	广州	天和体育中心	快餐便当796	米粉面馆501	龙虾烧烤459	地方菜系421	特色小吃321
海南	海口	海口人民广场	快餐便当259	米粉面馆176	特色小吃142	地方菜系140	龙虾烧烤138
广西	南宁	朝阳广场	快餐便当841	龙虾烧烤585	米粉面馆559	特色小吃368	炸鸡炸串238
福建	福州	林则徐纪念馆	快餐便当737	米粉面馆531	龙虾烧烤383	特色小吃353	地方菜系346
浙江	杭州	银泰in77	快餐便当540	龙虾烧烤495	地方菜系452	米粉面馆443	特色小吃324
江苏	南京	新街口	快餐便当867	龙虾烧烤651	特色小吃645	米粉面馆477	地方菜系351

续表5－1

省份	城市	定位	排名第一	排名第二	排名第三	排名第四	排名第五
安徽	合肥	淮海路	快餐便当783	龙虾烧烤551	特色小吃479	米粉面馆438	地方菜系359
江西	南昌	八一广场	快餐便当512	龙虾烧烤444	米粉面馆433	地方菜系422	特色小吃310
湖南	长沙	五一广场	快餐便当558	龙虾烧烤534	米粉面馆499	川湘菜446	特色小吃344
湖北	武汉	光谷广场	快餐便当487	龙虾烧烤317	米粉面馆251	特色小吃164	炸鸡炸串159
云南	昆明	东方广场	快餐便当612	米粉面馆568	龙虾烧烤480	地方菜系344	特色小吃261
贵州	贵阳	中华路	快餐便当287	龙虾烧烤267	米粉面馆259	特色小吃169	地方菜系161
山西	太原	华为华微国际	米粉面馆324	特色小吃307	快餐便当282	龙虾烧烤242	地方菜系221
山东	济南	大明湖公园	龙虾烧烤434	快餐便当431	特色小吃325	地方菜系323	米粉面馆301
西藏	拉萨	布达拉宫	龙虾烧烤85	川湘菜66	米粉面馆63	快餐便当50	麻辣烫冒菜35
甘肃	兰州	民安大厦	龙虾烧烤262	米粉面馆220	特色小吃195	快餐便当183	地方菜系145
陕西	西安	云锦大厦	龙虾烧烤402	特色小吃246	火锅串串176	快餐便当152	米粉面馆147
新疆	乌鲁木齐	天隆大厦	地方菜系237	米粉面馆191	龙虾烧烤181	快餐便当129	特色小吃129
河北	石家庄	人民会堂	快餐便当469	米粉面馆402	特色小吃393	龙虾烧烤282	地方菜系260
内蒙古	呼和浩特	信访局	龙虾烧烤189	快餐便当182	特色小吃174	地方菜系146	米粉面馆136
沈阳	辽宁	青年大街	快餐便当976	米粉面馆633	特色小吃581	龙虾烧烤533	炸鸡炸串519
长春	吉林	红旗街	快餐便当431	米粉面馆383	龙虾烧烤333	特色小吃278	地方菜系263
黑龙江	哈尔滨	世纪公园	龙虾烧烤416	快餐便当371	米粉面馆287	地方菜系235	鸭脖卤味232
天津	天津	晨悦大厦	快餐便当297	特色小吃244	米粉面馆215	龙虾烧烤215	地方菜系170
北京	北京	北京师范大学	龙虾烧烤407	快餐便当405	特色小吃265	米粉面馆243	地方菜系234
青海	西宁	西宁市政府	米粉面184	特色小吃162	龙虾烧烤157	快餐便当111	川湘菜87
宁夏	银川	森林公园	米粉面馆295	特色小吃289	快餐便当276	龙虾烧烤171	麻辣烫冒菜163

结果表明，全国31个省市加入"到家O2O"模式的生活服务类企业中，快餐便当、龙虾烧烤、米粉面馆、特色小吃类企业数量皆排名靠前。以上企业的主打商品不仅单价相对较低，且便于包装配送，食品口感在短时间内无变化，所以广受外卖市场欢迎。

5.2 四川省"到家O2O"生活服务类企业的"巴蜀特征"

通过对调研数据进一步分析，项目组从经营类别角度发现"到家O2O"生活服务类企业颇具"川味"。

5.2.1 "火锅串串"类企业排名靠前

除了"到家O2O"生活服务类企业的普遍特征以外,仅有川渝地区"火锅串串"类企业的数量排名进入当地前五。如图5-2所示,四川省"火锅串串"类企业的数量排名省内第五,重庆市"火锅串串"类企业的数量排名市内第二。从经营类别来看,四川省生活服务类企业以"火锅串串"类企业居多。此外,2021年我国火锅线上门店数量同比增速15%,川渝火锅商户数量占全国火锅商户总数比例最高,成为火锅界的"最强王者"。四川火锅,以麻、辣、鲜、香著称,已成为四川和重庆两地的代表美食。火锅表现了中国烹饪的包容性,彰显"同心、同聚、同享、同乐"的氛围。吃火锅,消费者通常多选择堂食的传统消费模式,在别致的用餐环境中与亲人朋友一起享用火锅对众多四川人来说是一种享受。串串香,起源于四川成都,是四川地区的特色传统小吃之一,实际上是火锅的另一种形式,所以人们往往又称其为小火锅。"串串香"名字的由来是因为这是一种以竹签串上各种菜,将其放进滚烫的火锅中涮着吃的小吃。在一定程度上,串串香已成为四川味道的代表之一。

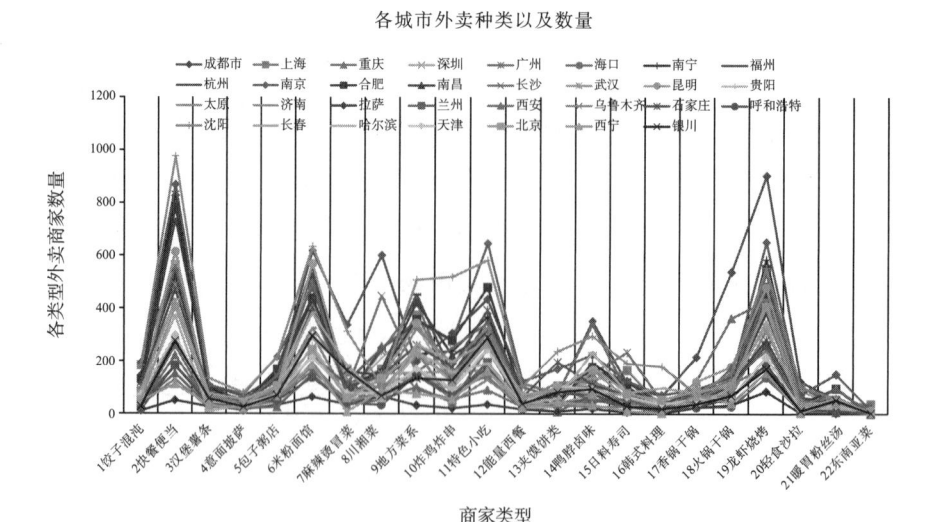

各城市外卖种类以及数量

图5-2 各省(直辖市)各类型"到家O2O"企业数量

5.2.2 火锅与"到家O2O"的冲突

从5.1节可知,外卖市场的主流消费群体偏好客单价较低、便于包装配送、食品口感在短时间内无变化的商品。在"一人食"的主流就餐场景下,无论从客单价和包装配送、食品口感等哪方面来说,火锅都不是外卖的最佳产品。首先,火锅菜品众多,需配合锅底和蘸碟才能食用,目前各火锅企业都施行锅底和蘸碟收费,所以火锅的客单价相对较高。其次,火锅的食用特点是在沸腾的锅底浓汤中放入食材,所谓边涮边吃,然而沸腾的锅底浓汤根本不便于包装配送。最后,涮好的食材在短时间内口感会迅速发生变化,如涮好的毛肚放凉以后就变得绵软,从而使口感大打折扣。由此可见,人们受火锅的传统消费模式影响,几乎无法接受火锅外卖产品。

5.2.3 火锅与"到家O2O"的结合——受疫情影响

火锅企业采取外卖模式,主要受疫情影响,即2003年非典疫情和2020年新冠疫情。

2003年,我国火锅行业的龙头企业海底捞在非典时期开创了火锅外卖的先河,在报纸上发布广告:前一天送餐,第二天取回电磁炉。在外卖还没有兴起的年代,送火锅上门还是个新鲜事,订餐电话很快就被打爆了。凭借此举,海底捞不仅安全度过了"寒冬期",也在行业内开始崭露头角。在当时,互联网尚未普及,海底捞的火锅外卖自然称不上O2O模式,但已经体现了企业对多样化商业模式的积极探索。随着移动互联网和移动支付的普及,企业对新型商业模式的探索如虎添翼。在O2O电子商务的发展历程中,除传统的"到店O2O"模式,"到家O2O"模式也应运而生,如餐饮企业的外卖业务。外卖行业分析数据显示,2020年,中国外卖餐饮市场规模达6646亿元,同比增长15.0%;中商产业研究院预测,2022年,中国外卖餐饮行业市场规模将达9417.4亿元。

2020年初春，新冠疫情在全球范围内蔓延，对经济的影响无法估量，对服务业的打击更是不言而喻。广大餐饮企业堂食按下了"暂停键"，纷纷向外卖等新业务发力，创造了新的发展机遇。其中以火锅外卖市场的表现尤为突出。疫情期间，火锅企业"小龙坎"的订单数是之前的5倍左右，营业额是10倍左右；"大龙燚"更是传出了"外卖爆单"的消息。由此可见，在疫情背景下，"火锅"企业的"到家O2O"业务飞速增长。

如今，火锅外卖处于加速发展期，四川省火锅企业应该重视"到家O2O"模式的发展，且重点关心"到家O2O"模式的零售价格、配送费、起送价格、配送范围等具体决策问题。

5.2.4 巴蜀地区火锅企业的竞争环境分析

5.2.4.1 市场竞争异常激烈

"天眼查"App中的调研数据显示，截至2023年5月，四川省内共有火锅企业137588家，其中成都市、绵阳市的火锅企业最多，分别占44018家和13036家，其余各市的火锅企业均达上千家（见表5-2）。以上数据表明，四川省内火锅企业的市场竞争异常激烈。

表5-2 四川省火锅企业数量统计表（数据来源："天眼查"App）

城市	火锅企业数量（单位：家）	城市	火锅企业数量（单位：家）
成都	44018	眉山	4683
自贡	2307	宜宾	5905
攀枝花	3733	广安	4894
泸州市	2888	达州	5563
德阳市	6805	雅安市	3636
绵阳	13036	巴中	3208
广元	7119	资阳市	2152
遂宁	3385	阿坝	2358

续表5-2

城市	火锅企业数量（单位：家）	城市	火锅企业数量（单位：家）
内江	2613	甘孜州	2060
乐山	4299	凉山彝族	4585
南充	8341		
合计		137588	

5.2.4.2 市场竞争不对称

如今，消费者对火锅企业的品牌偏好差异日异显著，并且逐渐两极分化。随着火锅行业的快速发展，火锅消费者对企业品牌的关注度越来越高，一些知名的火锅品牌已经逐渐深入人心。基于对不同火锅品牌的直接或间接认识，消费者也形成了不同的偏好程度。在四川省各市，知名火锅品牌企业基本都要求堂食消费者排队叫号，"排成长龙等着吃火锅"，"排队的人越多，消费者越容易被吸引"几乎成为消费常态。如图5-3所示，在四川省成都市，因客流量较大需要堂食消费者排队叫号的火锅店比比皆是，平均排队时间超过两小时的火锅店不在少数。

图5-3 成都市某火锅企业门店实景

然而对于个别非知名火锅品牌企业，却可能面临空无一人的尴尬场景。由此可见，消费者的偏好的显著差异直接导致各企业处于不对称的竞争环境。

除了消费者对火锅企业品牌偏好程度，火锅企业在传统零售模式下的销售量还主要受到门店地理位置等因素的影响。但是随着"到家O2O"商业模式的发展，在火锅外卖业务中，火锅企业门店的地理位置因素对销售量的影响逐渐减弱，消费者对火锅企业品牌偏好程度的影响则变得尤为突出。因此，四川省火锅企业需要关注如何在消费者对火锅企业品牌偏好程度不对称的竞争环境中开展"到家O2O"业务，尤其是消费者偏好程度较低的企业，更应关注如何利用"到家O2O"模式消除竞争劣势产生的消极影响。本书第 4 章正是针对消费者对企业偏好程度不对称的竞争环境，建立博弈模型研究竞争企业的"到家O2O"决策，研究结果可对四川省火锅企业的"到家O2O"决策提供实践指导。

5.3 四川省"到家O2O"火锅企业的零售价格、订单配送费决策及建议

《2019 年四川本地生活年度消费报告》数据显示，2019 年四川省外卖订单量排名全省前五的城市分别是成都、绵阳、南充、眉山、德阳。省内三四线城市的消费需求得到进一步释放，个别方面展现出的消费活力有时甚至超越省会成都市。报告指出，甘孜藏族自治州成为全国三四线城市中百元外卖比例最高的城市。在甘孜，每 20 单外卖中就有 1 笔单价超过 100 元。由此可推断，四川省火锅企业的"到家O2O"业务在成都等城市比较成熟、竞争异常激烈，但是在四川省西部的一些三四线城市却正处于萌芽阶段，这对于省内的火锅企业来说既是挑战也是契机。

5.3.1 先于竞争企业采用"到家O2O"模式时提高零售价格

在四川省西部的一些三四线城市，火锅企业的"到家O2O"业务刚刚起步。无论是消费者还是经营者，对火锅外卖都处于尝试阶段。对先于竞争对手采用"到家O2O"模式的火锅企业而言，可参照本书 4.2.1 节的研究结果合理选择保守型或激进型定价策略，基于企业单位

配送服务成本等主要因素设置最优零售价格。

本书4.2.1节考虑消费者偏好程度较低的劣势零售商采取"到家O2O"模式、消费者偏好程度较高的优势零售商采取传统零售模式的非对称竞争环境,提出在"到家O2O"模式中存在保守型、激进型两种定价策略。首先,无论企业选择保守型还是激进型定价策略,研究结果均建议企业在"到家O2O"模式中的零售价格高于传统零售定价,且最优零售价格决策与企业承担的单位配送服务成本等因素有关,详见表4-1和表4-2。此外,无论在保守型还是在激进型定价策略下,只要劣势零售商将消费者的偏好程度系数提高至一定水平,即使其消费者偏好程度仍然低于优势零售商,劣势零售商采取"到家O2O"模式也能获得比优势零售商更高的利润,充分体现"到家O2O"模式的有效性,详见命题4-5。最后,建议劣势零售商在单位配送服务成本较低时,优先选择激进型定价策略,反之选择保守型定价策略,详见命题4-6。

此外,以上结论还表明,消费者偏好程度较低的"非知名品牌"火锅企业领先试水"到家O2O"业务的收益增幅会更加明显。

5.3.2 与竞争企业同时采用"到家O2O"模式时酌情提高或降低零售价格

在四川省经济发展前列的城市中,火锅企业的"到家O2O"业务已经初具规模,火锅外卖的竞争日益激烈。对与竞争对手同时采用"到家O2O"模式的火锅企业而言,可参照4.2.2节的研究结果合理选择保守型或激进型定价策略,且基于企业单位配送服务成本、消费者单位等待成本等主要因素设置最优零售价格。

本书4.2.2节考虑消费者偏好程度较低的劣势零售商以及消费者偏好程度较高的优势零售商同时采取"到家O2O"模式的非对称竞争环境,研究竞争零售商在保守型、激进型两种定价策略下的零售价格决策。研究结果首先表明在两种定价策略下,最优零售价格主要受到单位配送服务成本、消费者单位等待成本两因素的双重影响,详见表4-3

和表 4-4。其次，与传统零售模式下的零售价格相比，竞争零售商在采取保守型定价策略时应在"到家 O2O"模式下提高商品的零售价格，但在采取激进型定价策略时应根据消费者单位等待成本、零售商单位配送服务成本以及消费对零售商的偏好程度系数等因素的具体情况决定提高或者降低在"到家 O2O"模式下的零售价格，详见推论 4-10、4-11。再次，在保守型定价策略中，若单位配送成本和消费者单位等待成本都足够低，竞争优势零售商在"到家 O2O"模式下的零售价格应低于竞争劣势零售商，否则高于竞争劣势零售商，详见命题 4-8；然而激进型定价策略中，竞争优势零售商的零售价格始终高于竞争劣势零售商，详见命题 4-10。最后，竞争优势零售商偏好于保守型定价策略，而竞争劣势零售商在一定条件下反而会倾向于激进型的定价策略。

5.3.3 以免费配送为最优订单配送费决策

研究结果表明，无论是先于竞争企业采用"到家 O2O"模式，还是与竞争企业同时采用"到家 O2O"模式，企业的最优订单配送费决策都是免费配送。因为当企业为所有消费者提供免费配送服务，有助于消费者主动或被动地接受其向上调整零售价格，这对零售商培养消费者养成"到家 O2O"消费习惯起到极大的促进作用。

本文组成员于 2020 年 9 月在美团 App 外卖分栏中对以四川火锅协会为主的商家搜索结果进行调研，结果如表 5-3 所示。结果显示，在 45 个调研样本企业中，仅有 14 家企业采用免费配送费决策。根据 4.2.1 和 4.2.2 节的研究结果，建议四川省各火锅企业在"到家 O2O"业务中采取免费配送决策。

表 5-3 四川省火锅外卖企业统计表（数据来源："美团"App）

火锅商家	起送价（元）	配送费（元）	火锅商家	起送价（元）	配送费（元）
海底捞（王府井店）	158	17	五虎将火锅	100	4
谭鸭血（新都店）	150	0.5	尚锦汇火锅	128	3

续表5-3

火锅商家	起送价（元）	配送费（元）	火锅商家	起送价（元）	配送费（元）
蜀大侠火锅（新都店）	200	10	辣无忧鲜火锅	88	0
大龙燚火锅（九眼桥）	0	13	蜀九香火锅（彩虹店）	150	0
小龙坎老火锅（双林店）	30	18	醉鹃城市井火锅	168	0
电台巷火锅（少陵路店）	60	17	重庆鸿社老火锅	180	2.4
吼堂老火锅	60	12	侃侃火锅（红牌楼店）	150	3
林家火锅	60	6	鑫宽窄里	0	1
龙幺妹老火锅（锦华万达店）	120	11	三只耳（玉双路店）	15	0
大龙传承火锅（双林路店）	100	16	巴蜀大门户	50	3
青年火锅（科华店）	80	5	小郡肝串串（科华店）	20	0
红社老味老火锅（新都店）	150	0	铜人里火锅	20	3.5
草帽老火锅（动物园店）	80	2	川西坝子（杜甫草堂店）	50	8
土火重庆火锅（银泰in99）	200	5.5	印象独轮（双流店）	100	10
重庆两路口火锅（紫荆店）	120	0	泥巴小院市井火锅	50	0
如在蜀毛肚老火锅（玉林店）	39	20	蓉城老妈	20	0
集渔泰式海鲜火锅（新都店）	158	0	麻辣空间（武侯祠）	25	0
味之绝美蛙鱼头火锅（新都店）	99	1	烧火铺即享火锅（新都店）	40	5
炊二哥	168	0	小龙坎火锅菜（水碾河店）	15	2
重庆九宫潮辣鲜货火锅	50	0.5	大渝重庆牛油火锅便当	10	1
巴蜀印象火锅（中航店）	99	0	火仆营即享川味火锅	55	4
狮子楼火锅	150	0	小郡肝火锅冒菜	20	0
火糊涂如醉火锅	150	1			

5.4 四川省"到家O2O"火锅企业的起送价格、配送范围决策及建议

5.4.1 仅设置起送价格

若企业以免费配送为最优订单配送费决策，本书于4.3节提出竞争零售商可以通过设置起送价格提高"到家O2O"模式下的盈利水平，

- 161 -

尤其是在单位配送服务成本较高的情况下，"到家O2O"企业甚至必须设置起送价格才能保证最低利润。根据项目组表5-3的调研结果，在45个调研样本企业中，仅有2家企业没有设置起送价格，可见火锅企业在"到家O2O"业务中已经充分认识到设置起送价格的重要性。本书研究结果表明，当企业承担的单位配送服务成本超过一定阈值时，建议企业必须根据单位配送服务成本大小设置合理的起送价格以提高利润，详见命题4-12。

5.4.2 仅限定配送范围

竞争企业在"到家O2O"模式下存在两种配送范围策略：一是保守型配送范围策略，二是激进型配送范围策略。在保守型配送范围策略下，竞争零售商的配送范围尽量避免重叠，两零售商的配送服务处于较为缓和的竞争状态；在激进型配送范围策略下，竞争零售商的配送范围存在重叠区域，两零售商的配送服务处于较为激烈的竞争状态。本书于4.4节首先提出企业应该根据单位配送成本大小确定合理的配送范围，详见命题4-13、4-14。其次，当单位配送成本足够小时，企业在"到家O2O"模式下无需限定配送范围，详见推论4-13。从总体上看，在单位配送成本足够低时，竞争零售商不应限定配送范围，随着单位配送成本逐渐升高，零售商应在单位配送成本较低时选择激进型配送策略，在单位配送成本较高时选择保守型配送策略，详见命题4-15和图4-33策略选择导向图。

5.4.3 既设置起送价格又限定配送范围

与单一手段相比，竞争企业还可以在"到家O2O"模式下同时采取多种手段以取得更高的盈利水平，即同时设置起送价格和限定配送范围。本书于4.5节首先提出如果竞争零售商在保守型配送范围策略的基础上设置起送价格，那么零售商会分别扩大配送范围，详见命题4-

17。其次如果竞争零售商在激进型配送范围策略的基础上设置起送价格，则存在两种起送价策略即高起送价策略或者低起送价策略，但两种起送价策略都不会影响零售商的原配送范围，详见命题4-21。最后提出竞争零售商应该在单位配送成本较小时优先选择"激进型配送范围+低起送价"策略，反之优先选择"保守型配送范围+起送价"策略，详见命题4-22、4-23和图4-40策略选择导向图。

主要参考文献

[1] Davis F D. 1989. Perceived Usefulness, Perceived Ease of Use, and User Acceptance of Information Technology [J]. MIS Quarterly, 13 (3): 319-340.

[2] Ha Y, Im H. 2014. Determinants of mobile coupon service adoption: assessment of gender difference [J]. International Journal of Retail & Distribution Management, 42 (5): 441-459.

[3] He Z, Han G, Cheng T C E, et al. 2018. Evolutionary food quality and location strategies for restaurants in competitive online-to-offline food ordering and delivery markets: An agent-based approach [J]. International Journal of Production Economics.

[4] Hsu M H, Chang C M, Chu K K, et al. 2014. Determinants of repurchase intention in online group-buying: The perspectives of DeLone & McLean IS success model and trust [J]. Computers in Human Behavior (36): 234-245.

[5] Hung S Y, Ku C Y, Chang C M. 2003. Critical factors of WAP services adoption: An empirical study [J]. Electronic Commerce Research & Applications, 2 (1): 42-60.

[6] Im H, Ha Y. 2013. Enablers and inhibitors of permission-based marketing: A case of mobile coupons [J]. Journal of Retailing and Consumer Services, 20 (5): 495-503.

[7] Jayasingh S, Eze U C. 2009. An Empirical Analysis of Consumer Be-

havioral Intention Toward Mobile Coupons in Malaysia [J]. International Journal of Business and Information, 4 (2): 221 - 242.

[8] Jiang G, Yang W, & Zhang N. (2022). Effect of perceived risks, perceived benefits and regulatory events on users' supervision intention towards e - hailing platforms: A mixed method. Journal of Information Science. https://doi.org/10.1177/01655515221128422.

[9] Rampell A. 2010. Why online2offline commerce is a trillion dollar opportunity. [DB/OL]. https://techcrunch.com/2010/08/07/why-online2offline-commerce-is-a-trillion-dollar-opportunity/.

[10] Shiau W L, Luo M M. 2012. Factors affecting online group buying intention and satisfaction: A social exchange theory perspective [J]. Computers in Human Behavior, 28 (6): 2431 - 2444.

[11] Su Y, Zhao L. 2021. Research on Online Education Consumer Choice Behavior Path Based on Informatization [J]. China Communications, 18 (10): 233 - 252.

[12] Tingchi Liu, Melewar T C, Brock J L, et al. 2013. Perceived benefits, perceived risk, and trust [J]. Asia Pacific Journal of Marketing and Logistics, 25 (2): 225 - 248.

[13] Wang E P, Ning A N, Xian Hui G, et al. 2021. Consumers' willingness to pay for ethical consumption initiatives on E - commerce platforms [J]. Journal of Integrative Agriculture, 2021: 2 - 10.

[14] 蔡凌飞, 苏贵影. 2015. O2O 模式下消费者体验影响因素研究 [J]. 科技和产业, 15 (4): 94 - 97.

[15] 陈小芳, 吴晓萍, 马冠骏. 2015. 基于 TAM 模型的网络购物影响因素分析 [J]. 宿州学院学报, 30 (3): 42 - 46.

[16] 陈秀云, 陈贞锐, 檀艳容. 2015. 二维码促销方式对顾客购买意愿的影响研究 [J]. 物流工程与管理, 37 (3): 170 - 176.

[17] 崔健,朱小栋. 2014. O2O 模式下消费体验度影响因素探究——以苹果体验店为例 [J]. 现代情报 (12): 55-59.

[18] 崔睿,马宇驰. 2018. 网购平台的信用服务机制对消费者购买意愿的影响研究 [J]. 江苏大学学报 (社会科学版), 20 (3): 74-83.

[19] 邓涵. 2016. 外卖行业在移动互联网中的营销策略研究 [J]. 现代经济信息 (11): 347-347.

[20] 邓文娟,余歌. 2022. 消费者持续使用社区团购的影响因素 [J]. 中南民族大学学报 (人文社会科学版), 42 (12): 144-152+198.

[21] 丁辰灵. 2015. 为什么 O2O 到家模式大都失败 [J]. 中国连锁 (7): 84-84.

[22] 丁佳敏,陈军飞. 2021. 网络直播对餐饮 O2O 外卖顾客信任的影响研究 [J]. 运筹与管理, 30 (5): 221-226.

[23] 范月娇,陆爽. 2020. 基于自我决定理论的移动优惠券分享意愿——个人主义倾向视角 [J]. 华侨大学学报 (哲学社会科学版) (1): 73-86.

[24] 金亮,陈朝晖,温焜. 2022. 线上零售商开设体验店:基于供应链的视角 [J]. 中国管理科学, 30 (6): 135-146.

[25] 孔栋,左美云,孙凯. 2015. O2O 模式分类体系构建的多案例研究 [J]. 管理学报, 12 (11): 1588-1597.

[26] 李华锋,段加乐,孙晓宁. 2021. 基于元分析的用户在线信息搜寻意愿影响因素研究 [J]. 图书情报工作, 65 (19): 84-95.

[27] 李文,宋慧琪,潘雅翔,等. 2020. O2O 模式下生鲜农产品消费者满意度测评与提升实证分析 [J]. 中国农业资源与区划, 41 (1): 129-137.

[28] 刘芬. 2019. 用户兑现体验对移动优惠券转发推荐意愿的影响研

究［J］．技术经济与管理研究（2）：70-75．

［29］刘婷艳，王晰巍，张雨．2022．基于TAM模型的直播带货用户信息交互行为影响因素研究［J］．现代情报，42（11）：27-39．

［30］刘文昌，丁菲，何奎．2015．基于O2O模式的餐饮外卖行业发展对策研究［J］．辽宁工业大学学报（社会科学版）（5）：23-25．

［31］刘文纲，杨斌杰，符学柳．2017．实体零售业态小型化创新实践：O2O视角和顾客体验视角的分析［J］．经济研究参考（45）：45-54．

［32］刘欣梅．2014．以体验营销为核心的餐饮O2O应用研究［J］．经济研究导刊（10）：79-80．

［33］吕丽辉，王玉平．2017．移动旅游优惠券用户持续使用意愿研究［J］．东岳论丛，38（5）：147-152．

［34］潘禹辰，吴德胜．2022．关注线上评价还是在意线下距离？——基于推荐效果的O2O商业模式下用户选择决策行为特征分析［J］．工程管理科技前沿，41（1）：90-96．

［35］齐永智，张梦霞．2021．新零售企业多渠道整合服务质量对重购意愿的影响——顾客涉入度的调节作用［J］．中国流通经济，35（4）：58-69．

［36］邱泽国，袁瑶．2023．消费者知识共享的直播电商企业行为决策研究［J］．学术交流（3）：119-129．

［37］宋继承．2014．O2O趋势下消费者产品需求特性变化与营销策略［J］．财经理论研究（5）：89-94．

［38］谭春桥，曾雨晴．2023．基于区块链技术的O2O生鲜农产品供应链两阶段定价策略研究［J］．管理学报，20（6）：904-915．

［39］王炳成，傅晓晖．2023．社区团购商业模式下团长生成内容对成员持续参与意愿的影响研究——社区团购认同的中介与社区成员

生成内容的调节作用［J］．软科学，37（1）：102-108．

［40］王崇，陈大峰．2019．O2O 模式下消费者购买决策影响因素社群关系研究［J］．中国管理科学，27（1）：110-119．

［41］王建华，布玉婷，王舒．2022．消费者生鲜农产品购买渠道迁徙意愿及其影响机理［J］．南京农业大学学报（社会科学版），22（2）：171-182．

［42］吴威．2015．基于 TAM 模型的消费者移动网络购物行为研究［J］．商业时代（13）：61-62．

［43］伍玉婷，吴贵华，肖菲，等．2021．餐饮 APP 界面特征对消费者重购意愿影响机理研究［J］．西南交通大学学报（社会科学版），22（3）：107-118．

［44］吴志樵，康亚玲，罗健，等．2023．活跃度与补贴对 O2O 平台需求的影响机理及优化策略［J］．中国管理科学，31（2）：173-181．

［45］许明辉，沈会，郑义威．2023．基于消费者时间偏好与产品质量信息更新的动态定价研究［J/OL］．系统工程理论与实践：1-29［2023-09-05］．

［46］闫强，麻璐瑶，吴双．2019．电子口碑发布平台差异对消费者感知有用性的影响［J］．管理科学，32（3）：80-91．

［47］杨波，夏筱君，陈媛媛．2021．新冠肺炎疫情下的餐饮业：冲击与分化［J］．河海大学学报（哲学社会科学版），23（1）：31-40+106．

［48］杨栩，孟明明，李宏扬．2022．智能家居联动场景下消费者线下体验对线上购买行为的链式影响机制研究［J］．商业研究（4）：67-75．

［49］杨一翁，孙国辉，王毅．2016．消费者愿意采纳推荐吗？——基于信息系统成功-技术接受模型．中央财经大学学报（7）：109-

117.

[50] 于本海, 杨永, 孙静林, 等. 2015. 顾客体验与商户线下存在对社区O2O电商接受意向的影响研究 [J]. 管理学报, 12 (11): 1658-1664.

[51] 岳宇君, 郦晓月. 2020. O2O模式下虚拟社区营销对消费者认知和行为的影响 [J]. 哈尔滨商业大学学报 (社会科学版) (2): 84-92.

[52] 张红霞. 2022. 消费者对电商扶贫农产品的购买意愿及其影响因素研究 [J]. 兰州学刊, (3): 120-130.

[53] 张茜, 赵亮. 2014. 基于顾客体验的O2O商务模式系统动力学建模与仿真研究 [J]. 科技管理研究 (12): 200-204.

[54] 张琼芳. 2017. 互联网餐饮外卖行业现状及发展策略研究 [J]. 科技创业月刊, 30 (19): 35-37.

[55] 张文亮, 李晶. 2022. 数字青年数字阅读付费意愿的影响因素与服务改进策略研究 [J]. 情报资料工作, 43 (4): 61-70.

[56] 张旭梅, 梁晓云, 但斌. 2018. 考虑消费者便利性的"互联网+"生鲜农产品供应链O2O商业模式 [J]. 当代经济管理, 40 (1): 21-27.

[57] 张应语, 张梦佳, 王强, 等. 2015. 基于感知收益-感知风险框架的O2O模式下生鲜农产品购买意愿研究 [J]. 中国软科学 (6): 128-138.

[58] 赵大伟, 冯家欣. 2021. 电商主播关键意见领袖特性对消费者购买的影响研究 [J]. 商业研究 (4): 1-9.

[59] 赵亮, 耿爽爽, 冯蒙朝. 2016. 感知质量对外卖O2O用户重复购买意向的影响 [J]. 企业经济 (12): 94-100.

[60] 钟琦, 曲冠桥, 唐加福. 2022. O2O外卖价格促销策略对消费者购买意愿的影响研究 [J/OL]. 中国管理科学: 1-14 [2022-

09－13］．

［61］朱祖平，张丽平．2020．社群服务背景下在线知识付费产品用户持续付费意愿研究［J］．东南学术，（5）：158－166．

附 录

表1 美团外卖平台入驻商家调研数据

省份	城市	定位	美食商家总数量	饺子馄饨	快餐便当	汉堡薯条	意面披萨	包子粥店	米粉面馆	麻辣烫冒菜	川湘菜	地方菜系	炸鸡炸串	特色小吃	能量西餐	夹馍饼类	鸭脖卤味	日料寿司	韩式料理	香锅干锅	火锅串串	龙虾烧烤	轻食沙拉	暖胃粉丝汤	东南亚菜
四川	成都	春熙路步行街	5426	143	826	106	64	143	617	337	600	197	306	434	116	73	352	115	66	216	538	903	122	54	25
上海	上海	上海外滩华尔道夫酒店	3204	183	562	61	51	135	388	95	169	374	137	311	115	80	126	165	28	51	133	466	101	45	37
重庆	重庆	解放碑	1954	24	221	28	16	53	161	54	255	91	54	90	26	8	74	53	12	124	364	429	26	8	9
深圳	深圳	深圳会展中心	2702	72	574	52	42	106	427	75	210	336	104	286	77	46	139	123	24	37	88	353	88	32	8
广东	广州	天河体育中心	3343	82	796	81	55	119	501	68	237	421	103	321	102	59	154	233	49	48	96	459	106	27	33
海南	海口	海口人民广场	1206	24	259	29	12	63	176	38	109	140	92	142	18	29	49	43	8	25	28	138	13	23	1
广西	南宁	朝阳广场	3317	90	841	96	44	153	559	68	129	226	238	368	62	36	193	102	30	56	44	585	38	15	20
福建	福州	林则徐纪念馆	3313	92	737	108	37	169	531	59	247	346	146	353	74	57	158	124	33	61	100	383	63	44	13
浙江	杭州	银泰 in77	3224	120	540	47	30	148	443	88	167	452	149	324	57	95	164	130	35	73	102	495	62	42	12
江苏	南京	新街口	4446	191	867	107	73	215	477	120	249	351	276	645	122	170	224	124	72	93	139	651	73	150	15
安徽	合肥	淮海路	3639	129	783	75	34	168	438	114	153	359	278	479	61	93	172	96	27	66	113	551	40	96	1
江西	南昌	八一广场	3057	130	512	65	28	137	433	157	148	422	221	310	37	78	179	81	16	38	64	444	26	59	4
湖南	长沙	五一广场	3384	101	558	69	39	142	499	91	446	158	250	344	58	75	339	82	21	43	96	534	57	17	1

- 171 -

续表1

省份	城市	定位	美食商家总数量	饺子混沌	快餐便当	汉堡薯条	意面披萨	包子粥店	米粉面馆	麻辣烫冒菜	川湘菜	地方菜系	炸鸡炸串	特色小吃	能量西餐	夹馍饼丝	鸭脖卤味	日料寿司	韩式料理	香锅干锅	火锅串串	龙虾烧烤	轻食沙拉	暖胃粉丝汤	东南亚菜
湖北	武汉	光谷广场	2055	58	487	56	28	78	251	66	151	155	159	164	37	37	74	49	38	68	71	317	42	26	4
云南	昆明	东方广场	3184	84	612	51	38	94	568	114	132	344	154	261	56	29	165	61	29	122	179	480	41	14	13
贵州	贵阳	中华路	1648	28	287	41	17	49	259	62	47	161	88	169	25	26	82	39	13	88	103	267	17	25	1
山西	太原	华为华徽国际	2177	48	282	63	49	85	324	148	93	221	138	307	59	92	107	43	26	74	131	242	24	40	13
山东	济南	大明湖公园	2559	96	431	67	39	99	301	59	106	323	192	325	52	118	124	67	33	51	71	434	42	67	2
西藏	拉萨	布达拉宫	511	10	50	26	15	32	63	35	66	32	21	35	17	9	20	6	3	24	34	85	4	3	2
甘肃	兰州	民安大厦	1550	33	183	40	29	56	220	109	69	145	60	195	32	39	58	24	18	83	107	262	16	45	5
陕西	西安	云锦大厦	1517	34	152	27	18	25	147	33	52	101	42	246	23	95	54	54	17	44	176	402	11	99	3
新疆	乌鲁木齐	天隆大厦	1281	33	129	21	30	43	191	38	86	237	44	129	33	33	26	28	8	61	113	181	11	14	1
河北	石家庄	人民会堂	2748	118	469	81	46	72	402	101	143	260	177	393	63	196	111	70	37	89	112	282	39	39	1
内蒙古	呼和浩特	信访局	1202	15	182	32	38	49	136	41	33	146	71	174	47	77	74	30	13	25	63	189	17	11	4
辽宁	沈阳	青年大街	5243	183	976	133	78	214	633	312	105	507	519	581	103	237	295	191	179	77	155	553	100	60	3
吉林	长春	红旗街	2764	83	431	75	53	101	383	182	62	263	198	278	73	90	177	80	98	80	118	333	38	48	2
黑龙江	哈尔滨	世纪公园	2406	64	371	8	31	108	287	163	48	235	158	190	37	58	232	81	43	35	100	413	19	59	6
天津	天津	晨悦大厦	1773	70	297	45	33	72	215	77	77	170	97	244	42	105	94	66	35	59	61	215	23	35	8
北京	北京	北京师范大学	2296	50	405	52	33	104	243	59	133	234	121	265	54	99	74	77	54	87	106	407	31	41	9
青海	西宁	西宁市政府	1144	47	111	31	19	66	184	7	87	76	55	162	25	45	34	11	3	69	41	157	4	47	5
宁夏	银川	森林公园	1823	27	276	56	26	68	295	163	68	134	127	289	38	82	94	29	20	37	69	171	12	52	3